図解と会話でまるわかり！

インボイスと消費税がすべてわかる本

税理士 伯母敏子 著

ソーテック社

ご利用前に必ずお読みください

本書に掲載した情報に基づいた結果に関しましては、著者および株式会社ソーテック社はいかなる場合においても責任は負わないものとします。
本書は執筆時点（2023年５月現在）の情報をもとに作成しています。掲載情報につきましては、ご利用時には変更されている場合もありますので、あらかじめご了承ください。以上の注意事項をご承諾いただいたうえで、本書をご利用願います。

※本文中で紹介している会社名は各社の商標登録または商標です。
なお、本書では、©、®、TMマークは割愛しています。

はじめに

「え、私にも関係あるの？」とじわじわ心配になってきたインボイス制度。事業者にとって、法人税や所得税に意識が向いていても、消費税の申告や納税のことについてはなじみが薄いという人も多いかもしれません。あるいは、これまでも消費税の申告・納税を行っていた事業者でも、法人税の申告と同時になんとなく一緒に申告している、というケースも多いかもしれません。特に、中小企業で経理に携わる人の多くは、インボイス制度の存在感はじわじわと増しているけれど、何をすればよいのかよくわからない、という状態ではないでしょうか。

一方で、一般消費者の立場からすると、インボイスはあまり関係ないことだと感じると思います。インボイス制度の全体像や本質を知らないため、積極的に理解する意欲がわきません。準備が進んでいない現状は、そんなインボイス制度の馴染みのなさにあるのかもしれません。

けれども、実はインボイスはすべての事業者に関係があります。本書を読めば、誰がどのような準備と対応をする必要があるかがわかるはずです。

CONTENTS

第3章 消費税の簡易課税制度

第4章 免税事業者はインボイスで何が変わるの？

第5章 課税事業者はインボイスで何が変わるの？

第6章 インボイスについて知っておくべきこと

第1章

インボイス制度とはなにか？

世間を騒がせているインボイス制度。インボイス制度とは何なのでしょうか。ここではインボイス制度の詳細と、事業者が受けるであろう影響について解説します。

1-01

インボイス制度実施による3つの変化

「インボイス」という言葉をよく耳にするようになりましたが、どういうものなのでしょうか。

インボイスというだけに、請求書を連想すると思うのだけど、それだけじゃないの。取引価格に影響が出たり、取引先との関係にも影響が出てくる大きなきっかけになるものだよ。

インボイスで何が変わる？

令和５年（2023 年）10 月１日から**インボイス制度**がスタートします。

インボイス制度の正式名称は「**適格請求書等保存方式**」です。

インボイスについてまったく知らない人から見ると、この難しそうな名称から察するに「請求書の記述方法なのでは…？」という印象でしょうか。

インボイス制度の施行は、もちろん請求書や領収書の書き方にも影響があります。しかし、それだけではない大きな影響があります。

そしてインボイス制度は、ほぼすべての事業者に影響が及びます。ですから、インボイス制度を知らずに事業を営むことは、得策ではありません。

インボイス制度の導入で、請求書や領収書を取り扱う業務は大幅に煩雑化します。

そのため、これまで紙ベースでやり取りを行っていたり、担当者ごとにやり方がばらばらで統一性が乏しい業務環境だったのであれば、インボイス制度導入を機に効率化を推進する絶好のチャンスだととらえることもできます。

‖ インボイスの正式名称は「適格請求書等保存方式」

インボイスの正式名称は「**適格請求書等保存方式**」なのですが、世間では「**インボイス制度**」と呼ばれています。

もちろん同義ですので、本書では「**インボイス**」「**インボイス制度**」「**インボイス事業者**」といったなるべくわかりやすい表現にしています。

適格請求書っていう字面からして、もう苦手意識なんですよ私……。

適格請求書等保存方式って、インボイス制度のことなの！　だから、まずはその言い方から優しい表現に変えていこう！

そうなんですか！　インボイス制度という表現のほうが、まだいいかな……。それでも苦手意識はありますが……。

インボイス制度による影響で、消費税の取り扱いが大きく変化します。
具体的には主に次のことが変わります。

- **計算方法** ⇒ **納税する消費税額の計算が変わる！**
- **書　式** ⇒ **請求書に表示する項目が変わる！**
- **有料化** ⇒ **消費税受け取りが有料パスに代わる！**

さっそく、ひとつずつ見ていきましょう！

納税する消費税額の計算が変わる！

インボイス制度の施行によって起きる変化を理解するためには、消費税についての基礎知識が必要です。

ここでいう消費税の基礎知識とは、「**消費税の納税義務がある人はだれなのか？**」ということと「**消費税の納税額はどのように計算するのか？**」ということです。

具体的には第2章で触れていきます。

請求書に表示する項目が変わる！

お財布に入っている身近なレシートを見てみてください。

そこにどんな項目が書かれているかといえば「日付」「取引内容」「金額」「消費税率」「店名」などです。

現在も、消費税のルールで表示しなければならない必要項目があり、多くのレシートにはそれらの項目が記されているはずです。

昨日、新年度の手帳を買ったんです。ついでにレジ前にあったガムを買っちゃいましたけど。

そのレシート、消費税率10％と軽減税率8％の両方が書いてあるよね？

10％対象は手帳1,100円、8％対象はガム216円とあります。ああ、そういえば軽減税率ってありましたよね。あんまり意識しなくなっちゃってましたけど。

そう、税率ごとに区分されてるから「**区分記載請求書**」っていうの。それがインボイス制度以前、つまり現在の請求書や領収書のフォーマットなんだ、と覚えておいてね。これがインボイスになると少し変更になってしまうの。

● レシートの表記例

○○商店
TEL 03-XXXX-XXXX
領収書
2023年3月25日

手帳	¥1,100
＊ガム	¥216
10%対象	¥1,100
8%対象	¥216
合計	¥1,316

＊は軽減税率（8%）対象商品

インボイス制度が始まると、これらの項目が今までよりも増えたり、少し変更になったりします。

具体的な内容は、第8章「インボイス事業者になるための準備」で触れていきます。

消費税受け取りが無料パスから有料パスに代わる！

今までは、免税事業者でも商品やサービスの代金を請求して、消費税込みの金額を受け取ることができました。

消費税の申告や納税をしていないにもかかわらず消費税を受け取ることができていた（いわゆる益税）ので、言わばボーナス付きの無料パスだったといえるでしょう。

ところがインボイス制度が始まると、免税事業者は消費税を受け取ることができなくなります。単純計算で10%の収入減です。成り立たなくなってしまう事業者も出てくるでしょう（ただし、一方的な減額要請は違法になる恐れがあります。第5章88～90ページで解説します）。

● インボイス制度施行前と施行後

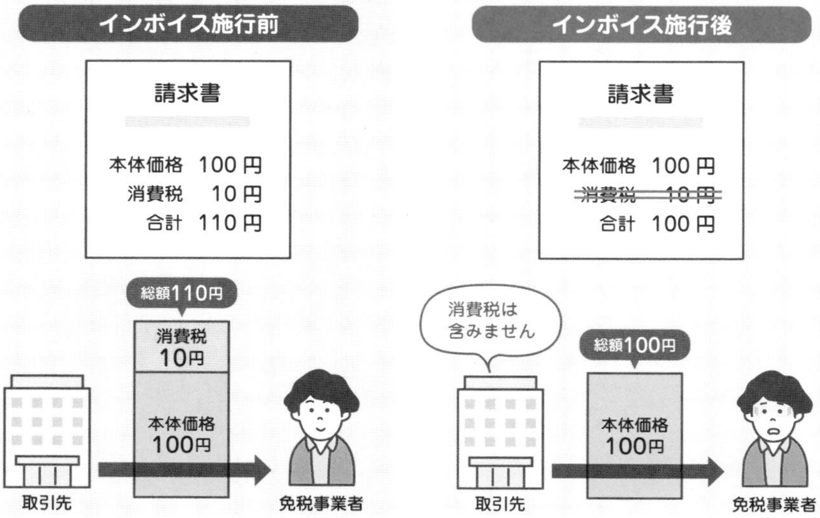

ところが「**消費税の納税をする約束（課税事業者を選択）**」という有料パスを手に入れれば、インボイス事業者を選択することもできます。

これにより、インボイスを発行することができ、消費税を今まで通り受け取ることもできます。具体的には第４章「免税事業者はインボイスで何が変わるの？」で触れていきます。

これまでは、免税事業者であろうとも消費税を受け取ることに制限はありませんでした。

なぜなら、課税事業者は免税事業者に払ったか否かに関係なく、支払った消費税は納付するときに取り戻せる仕組みになっていたからです。

そのため課税事業者側は「相手が免税事業者でも特に気にしていなかった」というのが実態です。

ところがインボイス制度下では原則として、免税事業者に払った消費税相当分を取り戻すことができなくなります（経過措置あり）。

そのため、消費税を取り戻すことができないとすれば黙ってはいられないぞ、となります。

具体的には、インボイス発行事業者になることを取引相手に求めたり、免税事業者のままであれば消費税分の値下げを要求したりすることが予想されます。だからこそすべての事業者に影響してくるわけです。

● **課税事業者が免税事業者との取引を避けるようになる？**

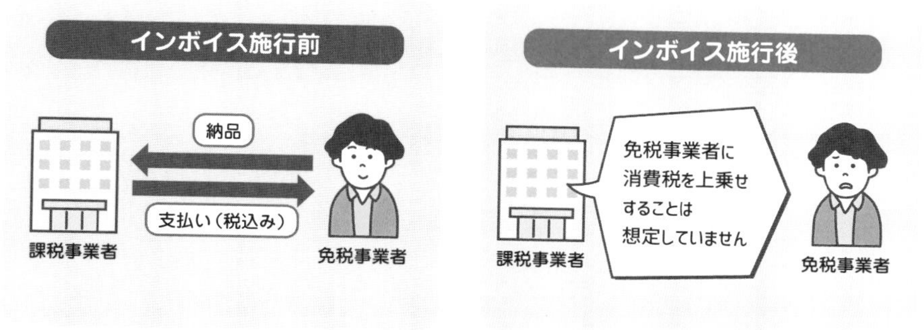

■ 免税事業者を減らそうという施策……？

見方を変えれば、インボイス制度の実施は、免税事業者を減らすための施策の実施によって国が受けるはずの批判を、事業者間の個別事情にうまく反映させて同じ結果を得ようとしているとも考えられます。

どういうことかといえば、**課税事業者が免税事業者を避ける構図を作り上げることにより、社会から免税事業者を減らしていく**という構想です。

現在は基準期間の課税売上1,000万円を免税点として設定するなど線引きをし、消費税を納める事業者と納めなくてよい事業者に区別しています。

免税事業者を減らすため、たとえば消費税の免税点を300万円に下げるという改正を行うとします。

その場合、300万～1,000万円の間に含まれる多くの事業者からの猛反発に会い、状況によっては時の政権は政権支持率を落とし、法案は否決され、問題の先延ばしという未来が起こりうるかもしれません。

インボイス制度の導入ではなく、免税点を大幅に引き下げるやり方でも同じような効果は得られるはずです。そのほうがむしろ、事業者の事務負担は少なくて済みます。

インボイス制度は、事業者間で免税事業者と課税事業者を差別化させます。そして取引の不都合により課税事業者にならざるを得ない状況を作り上げる、その後押しをするための制度であるともいえるでしょう。

少し言い過ぎかもしれませんが……。

1-02

「インボイス」は消費税を計算するための新たなルール

税額控除するために許可が必要になってしまった！

インボイス制度とは、「**課税事業者が消費税の税額控除をするための方式**」です。

原則、事業者が納税する消費税の金額は「受け取った消費税」と「支払った消費税」を差し引きして計算します。取引相手から受け取った代金の中の消費税から、別の取引相手に支払った代金の消費税を差し引いて、余った分を納付するわけです。

その逆もしかり。支払った消費税よりも受け取った消費税のほうが少なければ、その分は還付してもらうことができたりもします。

● 消費税納付のイメージ

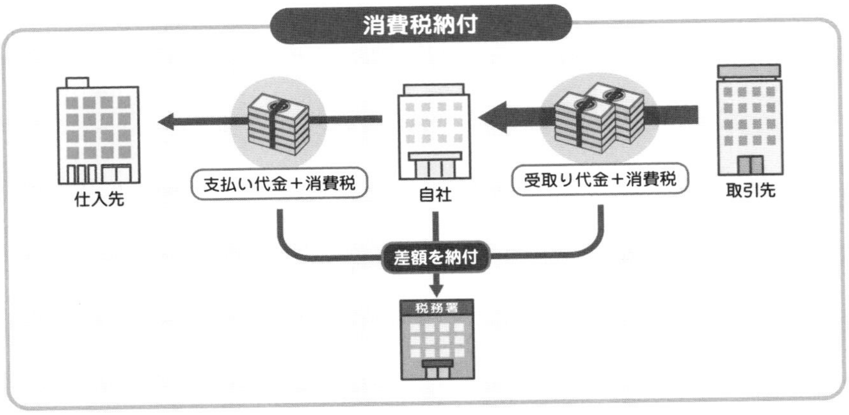

● **消費税還付のイメージ**

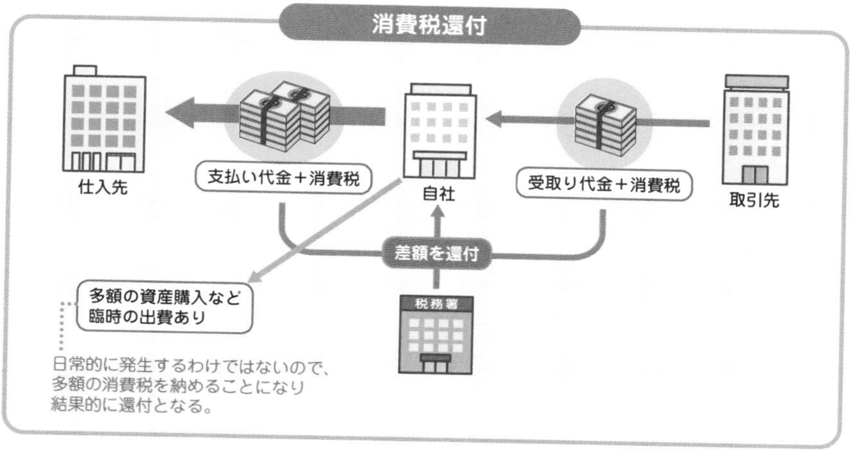

この仕組みを前提に考えると「もしも支払った消費税分をマイナスできなければ、受け取った消費税をそのまま納付することになってしまう……」いうことはおわかりいただけますよね。

売上金額の10％を納税しなければならないとしたら大変です。500万円の年間売上の場合は50万円の納付になります。それではとても商売が成り立ちません。

そんなことにはならないように、少しでも支払った消費税分を控除して、納税額を少なくしたいと考えるのが当然です。

売上を確保するために使った事業経費、つまり支払ったお金があってこそ、収入を確保できたわけですから、そこに含まれる消費税をもれなくマイナスしたいですよね。

インボイス制度は、この「**払った消費税をマイナスすること**」に許可制を取り入れる制度なのです。

いままではどうだったの？

これまで、消費税の税額控除のための許可制はさほど厳しくありませんでした。

令和元年（2019年）に消費税が10％に引き上げられる以前は「**請求書等保存方式**」という決まりがありました。10％に引き上げられたと同時に軽減税率8%が追加され、複数税率になってからは税額控除の条件として「**区分記載請求書等保存方式**」という決まりになりました。そして今回のインボイス制度、つまり「**適格請求書等保存方式**」が導入されます。

従来の請求書方式とインボイス制度では大きな違いがあります。それは、消費税の税額控除を受けるためには、「インボイス事業者に払ったこと」を請求書に明記することです。そして、この「インボイス事業者」を証明するのに、許可制を設けることになりました。

なぜ、わざわざ許可制を設けることにしたのでしょうか。

‖「益税」の解消

これまで事業者は消費税に関して2グループに分かれていました。「**課税事業者**」グループと「**免税事業者**」グループです。

この2グループが共存して、同じような条件で取引が行われてきました。

● 益税

ところがこのグループには大きな違いがあります。

課税事業者グループは消費税の確定申告をし、消費税の納税をしています。

ところが、免税事業者グループは、消費税の確定申告をせず、消費税の納税もしていません。

課税事業者と免税事業者は同じような条件で取引をしていますから、免税事業者グループは消費税を受け取ることもでき、そのまま収入にしてきたのです。

これがいわゆる「**免税事業者の益税**」といわれていることです。

消費税という名目ではあるけれど、実際は売上と同様、手元に残るお金という現実があったわけです。

なんだか免税事業者が悪者みたいですよね。インボイスの話題になると、なんだか肩身が狭くて……。

悪者ではないけれど、肩身が狭いというのはたしかにあるよね。けど、それは制度がそうなっていたんだから事業者に問題があるわけではないよね。

じゃあやっぱり、インボイス制度で私たちを苦しめたいの？　という発言は一部の偏った意見というわけでもないですよね。

おかしいと思ったことにただ従うのではなく、これを機にこれまで変えられなかった古い習慣を変えるとか、そういう視点に切り替えた人にはチャンスになる可能性もあるんじゃないかな。

column

なぜインボイスの導入が必要なのか？

筆者は洋服の買い物が大好きです。ファッション好きの方には共感していただけるかもしれませんが、少しのデザインの差が大きな違いに思えて、つい多くの種類の服を手に入れたくなる癖があります……。その日、会計は3万円くらいでした。そこに含まれていた約3千円の消費税の行方を考えてみました。

筆者➡店➡国という順番で、本来なら消費税が国の税収になるはずです。ただ、消費税の納税の仕組みというのは、受け取った店がそのまま納税するわけではないですよね。

店は、仕入れ先に仕入代金を支払っています。たとえば、筆者が買った服の仕入代金が１万円だとすると、そこに含まれている約１千円の消費税の存在が関係してきます。

つまり、お店は、私から受け取った３千円から、仕入れ先に払った１千円を差し引いて、２千円だけを国に納めれば良い、ということになります。

こうやって、消費税は消費者がみんなで細かく分担しています。

ところが、この店が免税事業者だと、消費税が国に納められることなく、その店の懐に入ってしまいます。いわゆる益税問題ですね。これでは、結局消費者が消費税を負担しても、その全額が国に納められておらず不公平じゃないか、ということになるわけです。インボイス制度が導入されると、この益税問題が解決に向かうというわけです。

実は、免税事業者だけに関係することではなく、私たちの生活費、子供達のおこづかいに至るまで影響があるということですよね。

第1章 まとめ

☑ **インボイスによる変化❶**

事業者の消費税納税額計算のやり方が変わる！

☑ **インボイスによる変化❷**

税額を最適化するための書類チェック項目が増える！

☑ **インボイスによる変化❸**

免税事業者は消費税を受け取るために有料パスが必要に！

☑ 原則、インボイス発行を許可されている事業者への支払いしか税額控除はできない。

第2章

「消費税」の歴史と仕組みについて学ぼう!

日本の消費税導入の歴史を振り返り、インボイス制度導入について自分で答えを出せるようになっていただければと考えています。
そして、インボイスを理解するために消費税の納税の仕組みを知っておきましょう。

2-01

日本における消費税のヒストリー

免税事業者の益税は不公平にも見えます。なぜこのような形ができ上がったのでしょうか。

日本の消費税の歴史が大きく関わっているみたいなのでそこから見てみよう！

消費税の導入はいつから？
最初は何パーセントだったか覚えてる？

日本における「**消費税**」導入のヒストリーは波乱万丈です。

特に、平成生まれ以降の人は、物心がついたときにはすでに消費税がある生活が当たり前だったので、疑問を感じたこともないかもしれません。

ですが、筆者をはじめとした昭和以前生まれの人にとって、現在の消費税 10%の世界は、まさか本当にやってくるとは信じたくなかった話です。

個人的な昔話ですが、20 年前ほど前に海外の市街地でちょっと高額の買い物をしたことがあります。

その国の消費税は 10%。免税手続きなどもよくわからず、なぜわざわざそこで買い物しちゃったんだろうと後悔しました。

言葉もうまく話せず、やっぱり買うのをやめるとも言えずに消費税を払った苦い思い出です。「消費税 10%ってなんと生きづらい国なんだろう」と思った記憶があります。

日本人がいつしか消費税 10%に慣れてしまうまでになった、消費税まわりのヒストリーをざっくり見てみましょう。

■ 消費税導入の経緯

今から40年以上も前、1979年（昭和54年）まで遡ります。

時の首相は大平正芳氏。財政再建のために「**一般消費税**」の導入が閣議決定されましたが、反対派の台頭と不祥事をたたかれるタイミングとが合わさり、導入は断念されました。

続いて1987年、時の首相は中曽根康弘氏です。「**売上税法案**」が国会に提出されましたが、国民的な反対にあい同年5月に廃案になりました。

そしていよいよ1988年、時の首相は竹下登氏です。「**消費税法**」が成立し、翌1989年4月に施行されました。

当初の消費税の税率は現在の1/3以下の「3%」でした。また、難航した消費税導入の経緯から、中小企業者に対する配慮として「**インボイスなしの帳簿方式とすること**」「**免税点（当初は3,000万円）を設定すること**」などを組み入れました。

こうして中小企業者の協力を取り付け、消費税は導入されましたが、結果として世界の水準とは大きな差がある制度になったのだと思われます。

‖ じわじわと上がってきた消費税率

その後、消費税の税率が徐々に上がる兆しが出たのは、1994年（平成6年）の細川護熙政権の時代です。

消費税を廃止して、税率7%の「**国民福祉税**」の構想が発表されました。ところが混乱が生じ、発表翌日に撤回されました。

同1994年、村山富市内閣になり、消費税率を3%から4%に引き上げ、さらに地方消費税1%を加え5%にする税制改革関連法が成立しました。

そしていよいよ橋本龍太郎内閣のとき、1997年4月に消費税率が「**5%**」に引き上げられました。それでも今の半分の5%です。このときも国民の不満は相当なものでしたが……。

「増税」を法案に掲げれば、その発案者の政治生命に影響が出る、それは自然な流れです。全国民の消費生活に関わる「消費税」の増税であれば、その影響力が大きいのは言うまでもありません。

このころ、鳩山由紀夫氏が「消費税率は4年間上げない」というマニフェストで民主党を勝利に導いたり、菅直人氏が「消費税10%」案を打ち出して惨敗したり、ということが起きました。

2012 年（平成 24 年）6 月、野田佳彦内閣が「**2014 年に消費税率 8 %、2015 年に 10%**」法案を提出し参議院本会議で可決成立しました。

2014 年（平成 26 年）、第二次安倍晋三政権の幕開けと共に、消費税は「**8%**」に引き上げられました。

2015 年（平成 27 年）に予定されていた「**10%**」への増税は、2 度の延期を経て 2019 年（令和元年）10 月に引き上げられました。

● 日本の消費税導入と税率の編成

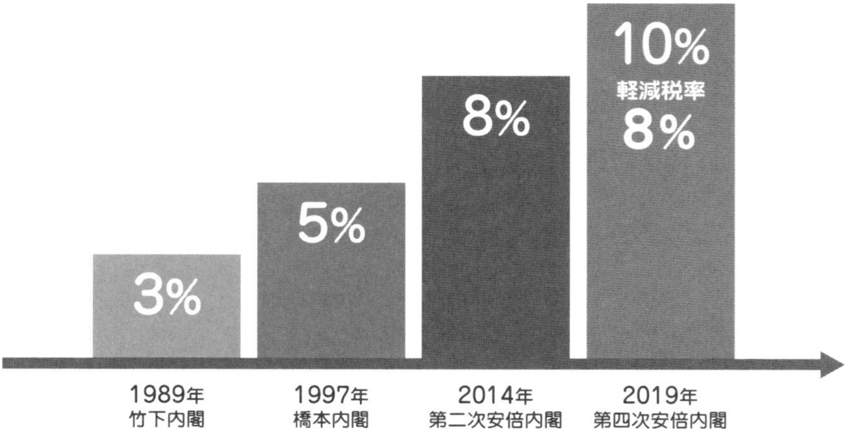

消費税に触れたら、ケガするぜって感じの歴史ですね。

そうだよね。だから今回のインボイス制度がややこしくてわかりにくいのも、制度を複雑化することによって、わざとわかりにくくしているような気さえしてきてしまう……。

でもこれって、結果として全事業者がイヤでも消費税に目を向けることになりますよね。

そうだよね。結局は、痛みをなくしてこの制度を導入するのはムリゲーだと思うわ。

‖ 史上初―税率が2種類になった

実は、2019年（令和元年）10月1日というのは、消費税が10%に引き上げられただけでなく、日本で初めて複数の消費税率になった日でもあります。いまや当たり前となってしまった「**軽減税率 8%**」です。

これによって、外食や酒類を除く食品と、配達される新聞の定期購読料だけは8%を維持するという、煩雑なルールになってしまいました。

複数税率になったことにより、消費税のルールにも大改革がありました。

そのなかでも、請求書の様式はわかりやすい変化です。

10%対象なのか、軽減税率8%対象なのかを明確に「**区分**」する必要性が出てきたことから、請求書等の様式が「**区分記載請求書等方式**」となりました。

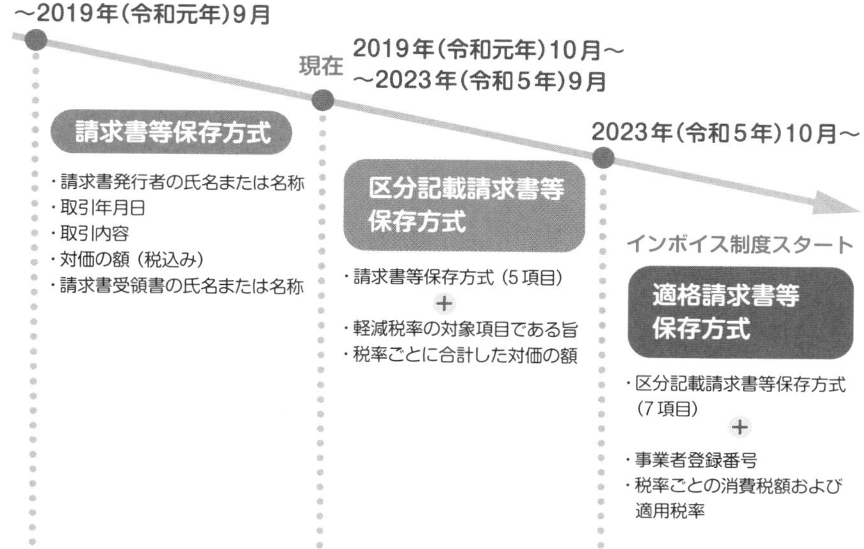

2-02

そもそも「消費税の仕組み」って知ってる？

インボイスを理解するためには、消費税の仕組みを知っておく必要があるよ。

日頃何気なく支払っている消費税ですが、どうやって納められているかは理解していませんでした。

今のところ消費税を納めるのは課税事業者で、免税事業者は消費税を納める必要はないんだよ。

‖ 消費税はお店に払うけどそのお金はどこへ……？

私たち消費者はふだん日常生活で物の購入やサービスを受けるとき、商品などの代金に加えて「**消費税**」を支払っています。

その支払い先は、コンビニ、カフェ、ネット通販など、必要なものを購入する「**お店**」や「**サービス提供者**」です。

消費者が自ら税務署に出向いて消費税を納税する、という面倒なことをさせられているわけではありませんよね。

私たちが払った消費税はどうやって国の財源になっているのでしょうか。

お店は「消費税を預かってくれている」だけ

私たち消費者は、消費税を「お店」や「サービス提供者」に払いました。

ということは、そのお店やサービス提供者が消費税の行方を知っているはずです。

実は、私たち消費者が支払った消費税は、お店やサービス提供者によっていったん保留されています。

保留されている消費税は、お店やサービス提供者が仕入れや経費の出費のために支払った消費税を差し引いて、その差額を税務署に納税しています。ただし、このルールを守る義務があるのは課税事業者だけなのです。

■ 免税事業者が預かっている消費税はその事業者の収入に

免税事業者はこのルールに関係なく、受け取った消費税も支払った消費税もスルーしておくことができるわけです。

私たちがお店で消費税を支払っても、その消費税は国に納税されていない可能性もあるということです。

「免税事業者が預かっている消費税は、お店の収入になっている」。それがインボイス制度開始前（記事執筆時点）の実態です。

● **免税事業者が受け取った消費税は事業者の取り分に**

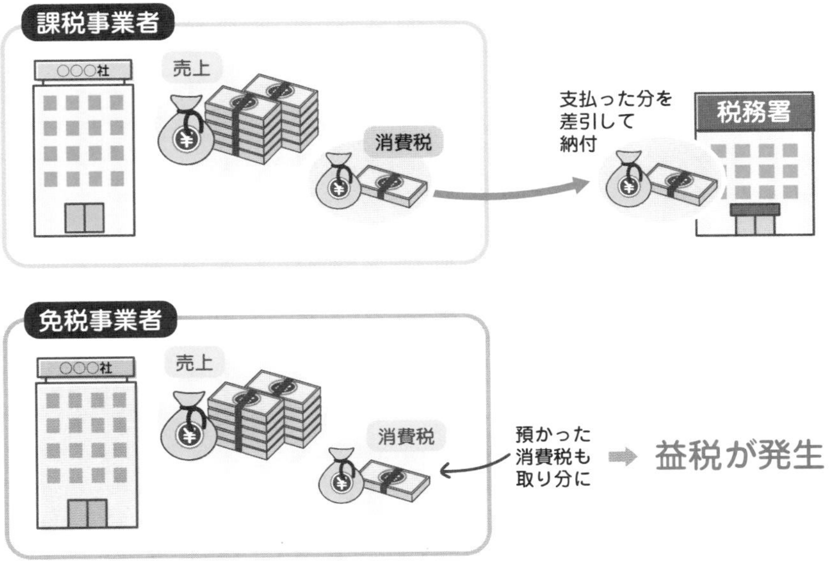

2-03

課税事業者と免税事業者の違い

益税って、これだと免税事業者は消費税分丸儲けのように見えます。

それならみんなお得なほうを選びたいよね。できれば免税事業者になりたいと思うはず。でも、事業は成長しなければ生き残れないから、売上がある一定以上になったら免税ではいられなくなる仕組みになっているのよ。

課税事業者と免税事業者の違いをしっかり理解する必要がありますね！

課税事業者と免税事業者の違い

「課税事業者と免税事業者は消費税の取り扱いが違う」ということは理解できたでしょうか。

では、課税事業者になる条件をチェックしておきましょう。

課税事業者であると判断される条件は、主に次の４つがあります。

次のいずれかを満たした場合に課税事業者になります。

❶ 基準期間（2年前の事業年度）の課税売上高が1,000万円を超えている
❷ 特定期間（前年の前半の事業年度）の課税売上高、あるいは支払った給料の総額が1,000万円を超えている
❸ 期首の資本金の額または出資の金額が1,000万円以上である
❹ 課税事業者になりたいと届け出をした免税事業者である

ただし、❶〜❸までと❹には決定的な違いがあります。

❶〜❸は、課税事業者になりたくない！　と思っていたとしても「**強制的に**」課税事業者になってしまう条件です。

これに対して❹は自ら手を挙げて、「**任意的に自分から**」課税事業者になることができる条件です。

それぞれについて見ていきましょう。

❶ 基準期間（2年前の事業年度）の課税売上高が1,000万円を超えている

基準期間というのは、現在進行中の事業年度の 2 年前の期です。

たとえば、個人の場合 2022 年は 2020 年が基準期間です（個人は歴年単位）。

● **課税期間と基準期間（個人の場合）**

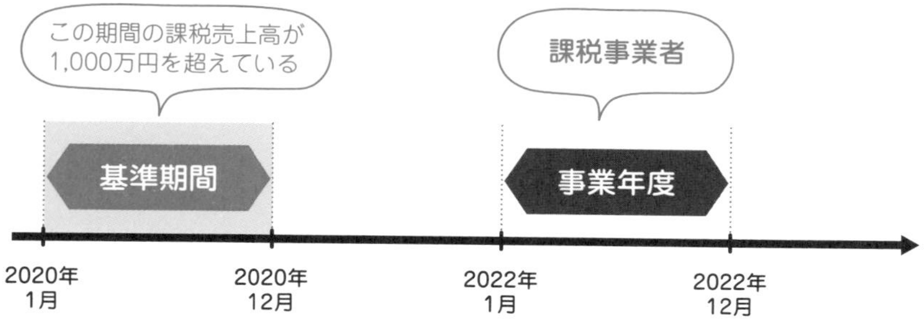

● **課税期間と基準期間（事業年度が4月～翌年3月の法人の場合）**

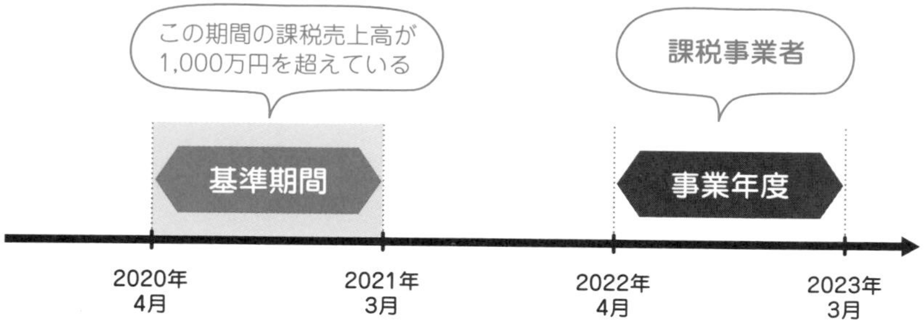

その基準期間の間に生じた課税売上高が 1,000 万円を超えている場合、現在進行中の事業年度から消費税の課税事業者となります。

たとえば、基準期間が 1 年に満たない場合には、月ごとの課税売上高を算出して 12 カ月を乗じることにより 1 年相当額を算出します。

そして、この 1 年相当額を用いて、1,000 万円を超えているのか否かを判断します。

❶の基準のみで考えると、新しく設立された法人は設立 1 期目と 2 期目には基準期間が存在しないことになります。

課税事業者の個人事業主が法人成りすると、一時的に免税事業者になることが可能、ということですね。

実際には、免税事業者でも消費税を上乗せして請求していることが多々あります。

これはあくまでも形式上のことで、消費税を上乗せした金額でお金を受け取った免税事業者でも、売上と消費税を区分しているわけではありません。

ですから、課税事業者の判定をする際には全額を課税売上高と考えます。

❷特定期間（前年の前半の事業年度）の課税売上高、あるいは支払った給料の総額が1,000万円を超えている

「**特定期間**」というのは、現在進行中の事業年度の前の事業年度の前半半年です。

● **特定期間**

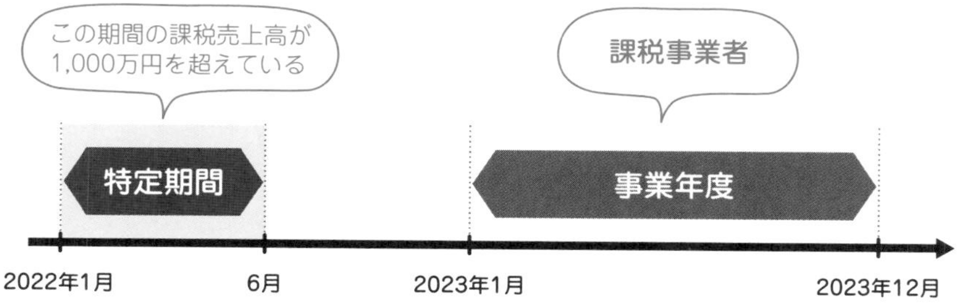

たとえば2023 年 1 月から 12 月までの事業年度であれば、2022 年 1

月から6月が特定期間にあたります。

その特定期間の間に生じた課税売上高が1,000万円を超えている場合、あるいはその特定期間の間に支払った給料の総額が1,000万円を超えている場合には消費税の課税事業者となります。

❸期首の資本金の額または出資の金額が1,000万円以上である

法人の場合は、事業年度開始の日（期首）の資本金の額または出資の金額が1,000万円以上である場合には、その期から消費税の課税事業者になります。

こちらは基準期間という考え方ではないため、新しく設立された法人でも該当すれば初年度から課税事業者になります。

なお、個人事業主には資本金で判定する基準はありません。この考え方は法人のみを対象としています。

❶～❸の要件で課税事業者となる場合には、次ページの「消費税課税事業者届出書」の提出が必要になります。

❹課税事業者になりたいと届け出をした免税事業者である

❶～❸の要件を満たしていなくても、課税事業者になりたいと希望する免税事業者がいます。

こういった免税事業者は、課税事業者となる対象の事業年度が開始する日の前日までに届け出を行うことで、翌事業年度から課税事業者になることができます。

この場合、自ら選択をして課税事業者になるということで、原則として、課税事業者になった日から2年間は免税事業者に戻ることができません。このことを「**2年縛り**」と呼ぶこともあります。

消費税還付を受けるために課税事業者になる

なぜ免税事業者であるにもかかわらず、わざわざ課税事業者になりたいのでしょうか。それは、何かしらのメリットがあるからです。

免税事業者は、たとえば臨時の支出があり、多額の消費税を支払ったとしても、取り戻す術がありません。

● 消費税課税事業者届出書 基準期間用

第３－(1)号様式

基準期間用

消費税課税事業者届出書

収受印

令和　　年　　月　　日	届出者	（フリガナ）	
		納税地	（〒 000 － 0000 ） （電話番号　　00－0000－0000 ）
		（フリガナ）	
		住所又は居所 （法人の場合） 本店又は主たる事務所の所在地	（〒　　－　　） （電話番号　　－　　－　　）
		（フリガナ）	
		名称（屋号）	
		個人番号又は法人番号	↓ 個人番号の記載に当たっては、左端を空欄とし、ここから記載してください。 0│0 0 0 0│0 0 0 0│0 0 0 0
		（フリガナ）	
		氏名 （法人の場合） 代表者氏名	
		（フリガナ）	
＿＿＿＿＿税務署長殿		（法人の場合） 代表者住所	（電話番号　　－　　－　　）

下記のとおり、基準期間における課税売上高が1,000万円を超えることとなったので、消費税法第57条第１項第１号の規定により届出します。

適用開始課税期間	自 ○平成 ○令和　　年　　月　　日	至 ○平成 ○令和　　年　　月　　日	
上記期間の基準期間	自 ○平成 ○令和　　年　　月　　日	左記期間の総売上高	円
	至 ○平成 ○令和　　年　　月　　日	左記期間の課税売上高	円

事業内容等	生年月日（個人）又は設立年月日（法人）	1明治・2大正・3昭和・4平成・5令和 ○ ○ ○ ○ ○ 年　　月　　日	法人のみ記載	事業年度	自　　月　　日　至　　月　　日
				資本金	円
	事業内容		届出区分	相続・合併・分割等・その他 ○ ○ ○ ○	

参考事項		税理士署名	（電話番号　　－　　－　　）

※税務署処理欄	整理番号		部門番号			
	届出年月日	年　　月　　日	入力処理	年　　月　　日	台帳整理	年　　月　　日
	番号確認		身元確認 □ 済 □ 未済	確認書類 個人番号カード／通知カード・運転免許証 その他（　　　）		

注意　1．裏面の記載要領等に留意の上、記載してください。
　　　2．税務署処理欄は、記載しないでください。

基準期間用消費税課税事業者届出書
https://www.nta.go.jp/taxes/tetsuzuki/shinsei/annai/shohi/annai/pdf/1461_03.pdf

● 消費税課税事業者届出書 特定期間用

第３－(2)号様式

特定期間用

消費税課税事業者届出書

収受印

令和　年　月　日	届出者	（フリガナ）	
		納税地	（〒 000 － 0000 ） （電話番号　00 －0000－0000 ）
		（フリガナ）	
		住所又は居所 （法人の場合） 本店又は主たる事務所の所在地	（〒　－　） （電話番号　－　－　）
		（フリガナ）	
		名称（屋号）	
		個人番号 又は 法人番号	↓ 個人番号の記載に当たっては、左端を空欄とし、ここから記載してください。 0｜0 0 0 0｜0 0 0 0｜0 0 0 0
		（フリガナ）	
		氏名 （法人の場合） 代表者氏名	
		（フリガナ）	
＿＿＿＿税務署長殿		（法人の場合） 代表者住所	（電話番号　－　－　）

下記のとおり、特定期間における課税売上高が1,000万円を超えることとなったので、消費税法第57条第１項第１号の規定により届出します。

適用開始課税期間	自 ○平成 ○令和　年　月　日	至 ○平成 ○令和　年　月　日	
上記期間の特定期間	自 ○平成 ○令和　年　月　日	左記期間の総売上高	円
		左記期間の課税売上高	円
	至 ○平成 ○令和　年　月　日	左記期間の給与等支払額	円

事業内容等	生年月日（個人）又は設立年月日（法人）	1明治・2大正・3昭和・4平成・5令和 ○ ○ ○ ○ ○ 年　月　日	法人のみ記載	事業年度	自　月　日　至　月　日
				資本金	円
	事業内容				
参考事項			税理士署名	（電話番号　－　－　）	

※税務署処理欄	整理番号		部門番号				
	届出年月日	年　月　日	入力処理	年　月　日	台帳整理	年　月　日	
	番号確認		身元確認	□ 済 □ 未済	確認書類	個人番号カード／通知カード・運転免許証 その他（　）	

注意　1．裏面の記載要領等に留意の上、記載してください。
　　　2．税務署処理欄は、記載しないでください。

特定期間用消費税課税事業者届出書
https://www.nta.go.jp/taxes/tetsuzuki/shinsei/annai/shohi/annai/pdf/1461_03a.pdf

ところが、この多額の**消費税が売上に含まれる消費税よりも大きい金額**だったらどうでしょう。

次節で詳しく説明しますが、消費税の納付金額は「受け取った消費税－支払った消費税」で求められます。

もし課税事業者で、一定の要件を満たしていれば、支払った分の消費税の一部を差額分として還付を受けることができる、というメリットが生じます。

つまり、**消費税還付のために課税事業者を選択するメリットがあるのです**。

● **消費税の還付**

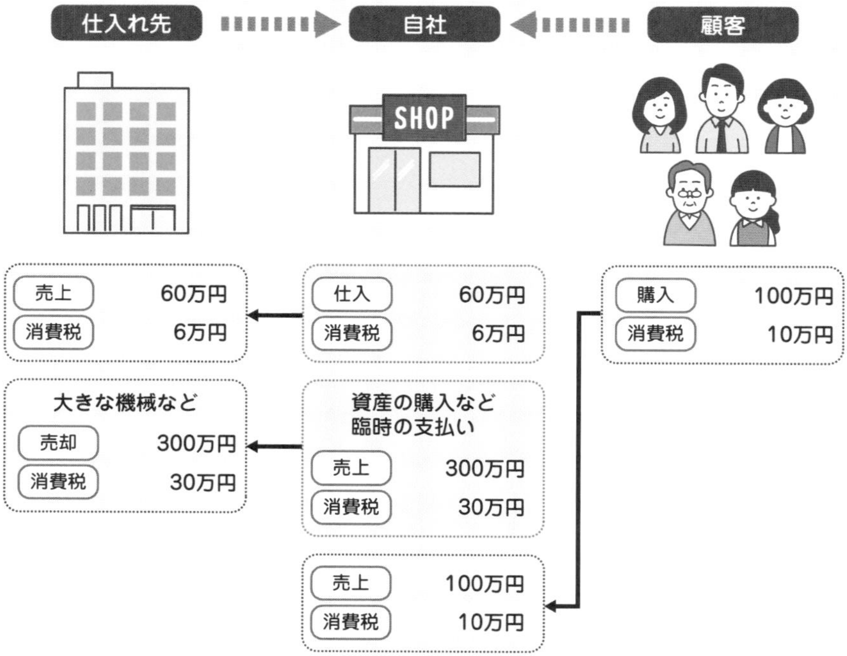

売上で受け取った消費税10万円よりも、仕入れで支払った消費税6万円＋資産の購入で支払った消費税30万円（合計36万円）のほうが多いため、差額が還付される。

インボイスを発行できるようになるために課税事業者になる

インボイス制度前までは主に「**自ら選択して課税事業者になる**」という発想は、上記のようにメリットを感じて行う手法でした。

ところがインボイス制度下では「**インボイスを発行するために**」という目的が加わることになります。

❹の要件で課税事業者となる場合には、「**消費税課税事業者選択届出書**」の提出が必要になります。

ところで今さらですけど……。「課税売上高」という言葉があるということは、課税じゃない売上高もあるということですか？

その通り！　課税売上高というのは、商品の売上、機械、建物などの事業用資産の売却といったような、事業のための資産の譲渡、貸付、サービスの提供を指しているの。

課税じゃない売上高って、たとえばどんな取引があるんですか？

「事業のための」というのがキーワードなので、たとえば住宅用に利用するアパートの家賃には消費税が課税されないとか。
それと、土地の売却とか土地の貸付なども非課税取引だから含まれないんだよ！
他にも細かく決まりがあるんだよ。

● 消費税課税事業者選択届出書

第１号様式

消費税課税事業者選択届出書

収受印

令和　　年　　月　　日	届出者	（フリガナ） 納税地	（〒000 － 0000 ） （電話番号　00 －0000－0000 ）
		（フリガナ） 住所又は居所 （法人の場合）本店又は主たる事務所の所在地	（〒　－　） （電話番号　－　－　）
		（フリガナ） 名称（屋号）	
		個人番号又は法人番号	↓ 個人番号の記載に当たっては、左端を空欄とし、ここから記載してください。 0 0 0 0 0 0 0 0 0 0 0 0 0
		（フリガナ） 氏名 （法人の場合）代表者氏名	
＿＿＿＿税務署長殿		（フリガナ） （法人の場合） 代表者住所	（電話番号　－　－　）

下記のとおり、納税義務の免除の規定の適用を受けないことについて、消費税法第９条第４項の規定により届出します。

適用開始課税期間	自 ○平成 ○令和　年　月　日　至 ○平成 ○令和　年　月　日		
上記期間の基準期間	自 ○平成 ○令和　年　月　日	左記期間の総売上高	円
	至 ○平成 ○令和　年　月　日	左記期間の課税売上高	円

事業内容等	生年月日（個人）又は設立年月日（法人）	1明治・2大正・3昭和・4平成・5令和 ○ ○ ○ ○ ○ 年　月　日	法人のみ記載	事業年度	自　月　日　至　月　日
				資本金	円
	事業内容		届出区分	事業開始・設立・相続・合併・分割・特別会計・その他 ○ ○ ○ ○ ○ ○ ○	
参考事項			税理士署名	（電話番号　－　－　）	

※税務署処理欄	整理番号		部門番号			
	届出年月日	年　月　日	入力処理	年　月　日	台帳整理	年　月　日
	通信日付印 年　月　日	確認	番号確認		身元確認 □ 済 □ 未済	確認書類 個人番号カード／通知カード・運転免許証 その他（　）

注意　1．裏面の記載要領等に留意の上、記載してください。
　　　2．税務署処理欄は、記載しないでください。

https://www.nta.go.jp/taxes/tetsuzuki/shinsei/annai/shohi/annai/pdf/1461_01.pdf

2-04

消費税の納税額はどうやって計算するのか

課税事業者の消費税の納税額はどうやって決まるんですか？

ざっくりいうと、預かった消費税と支払った消費税の差額が納税額になるよ。

売上の中の消費税と、支払いの中の消費税を把握しないといけないのですね。計算が大変そうです。

消費税の納税額を算出するだけじゃなく消費税の確定申告も必要なんだよ。詳しく解説していくよ！

「預かった消費税」と「支払った消費税」で納税額を計算する

課税事業者は、納付する消費税をどのように計算しているのかを説明します。

まず、お金を受け取ったときにどう処理するかを考えましょう。たとえば売上が計上されたときを考え、次ページの図のように表してみます。

代金として 1,320 円受け取った場合、120 円の消費税が含まれています。この 120 円の消費税のことを「**仮受消費税**」として経理処理をします。

● **仮受消費税（受け取った消費税）**

売上＋仮受消費税

売上	1,200円
仮受消費税	120円
入金合計	1,320円

一方、支払いをしたときのケースを考えます。

たとえば、仕入れに1,100円支払った場合、その中に100円の消費税が含まれています。

この100円のことを「**仮払消費税**」と経理処理します。

● **仮払消費税（支払った消費税）**

代金＋仮払消費税

仕入	1,000円
仮払消費税	100円
支払合計	1,100円

消費税の計算は、原則として受け取った「**仮受消費税**」と支払った「**仮払消費税**」をもとに計算します。その計算方法が、次ページの図のようなイメージです。

● **仕入税額控除**

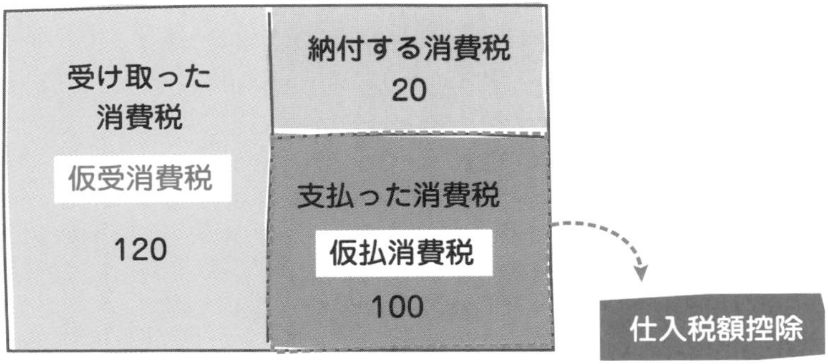

納付する消費税額は、受け取った消費税から支払った消費税を差し引くことによって計算するのです。

このとき、支払った消費税を差し引くことを「**仕入税額控除**」といいます。

ちなみにさっきは課税売上のことを話したけど、課税仕入れっていうのも知っておいてね！

あ！ わかった！ もしかすると払うほうにも課税じゃない仕入れがあるってことですか？

さすが！ 課税仕入れには、商品の仕入れ、機械や建物のような事業用資産の購入、賃借、原材料や消耗品の購入、サービスの提供を受けた代金といったものがあるの。

私は免税事業者だけど、消費税をいただいてる認識だったのはそのせいですね。

では、課税仕入れではない取引にはどんなものがあるかというと、給与、賃金、保険料、印紙代のような取引が一例としてあげられるの。あとは土地の購入や賃借は非課税取引に該当するのよ！

‖ 消費税の計算結果は税務署に報告をする

消費税は「**預かった消費税と支払った消費税を相殺した金額を納税する**」というざっくりとした仕組みはわかりましたよね。

毎日の取引を記録して、事業年度中に受け取った消費税の合計と、支払った消費税の合計を集計することで、納付する消費税の金額が決定するわけです。

なお、計算結果をまとめたレポートは税務署に報告しなければなりません。消費税の課税事業者は、報告のために「**消費税の確定申告**」が義務になります。

つまり、消費税課税事業者の義務は「**消費税の申告をすること**」と「**消費税の納税をすること**」の２つがあるわけです。

確定申告をして、消費税を納付すれば、それだけで大丈夫なんですか？

仕入税額控除の要件を満たすことが重要なの。その上で申告、納税ができるわけだから日頃の経理事務はとても重要な作業だよね。

● 消費税の確定申告書

この用紙はとじこまないでください。

GK0304

第3－(1)号様式

令和　年　月　日　　税務署長殿

収受印

納税地	（電話番号　－　－　）
（フリガナ） 名称 又は屋号	
個人番号 又は法人番号	↓個人番号の記載に当たっては、左端を空欄とし、ここから記載してください。
（フリガナ） 代表者氏名 又は氏名	

※税務署処理欄

一連番号	
所管 / 要否 / 整理番号	
申告年月日	令和　年　月　日
申告区分 / 指導等 / 庁指定 / 局指定	
通信日付印 / 確認 / 確認書類	個人番号カード 通知カード・運転免許証 その他（　） / 身元確認
年　月　日	
指導年月日 / 相談 / 区分1 / 区分2 / 区分3	令和

OCR入力用（この用紙は機械で読み取ります。折ったり汚したりしないでください。）

自　平成/令和　年　月　日
至　令和　年　月　日

課税期間分の消費税及び地方消費税の（　　　）申告書

中間申告の場合の対象期間　自　平成/令和　年　月　日　至　令和　年　月　日

第一表　令和元年十月一日以後終了課税期間分（一般用）

この申告書による消費税の税額の計算

項目		十 兆 千 百 十 億 千 百 十 万 千 百 十 一円	
課税標準額	①	000	03
消費税額	②		06
控除過大調整税額	③		07
控除税額　控除対象仕入税額	④		08
控除税額　返還等対価に係る税額	⑤		09
控除税額　貸倒れに係る税額	⑥		10
控除税額　控除税額小計（④+⑤+⑥）	⑦		
控除不足還付税額（⑦－②－③）	⑧		13
差引税額（②+③－⑦）	⑨	00	15
中間納付税額	⑩	00	16
納付税額（⑨－⑩）	⑪	00	17
中間納付還付税額（⑩－⑨）	⑫	00	18
この申告書が修正申告である場合　既確定税額	⑬		19
この申告書が修正申告である場合　差引納付税額	⑭	00	20
課税売上割合　課税資産の譲渡等の対価の額	⑮		21
課税売上割合　資産の譲渡等の対価の額	⑯		22

この申告書による地方消費税の税額の計算

地方消費税の課税標準となる消費税額　控除不足還付税額	⑰		51
地方消費税の課税標準となる消費税額　差引税額	⑱	00	52
譲渡割額　還付額	⑲		53
譲渡割額　納税額	⑳	00	54
中間納付譲渡割額	㉑	00	55
納付譲渡割額（⑳－㉑）	㉒	00	56
中間納付還付譲渡割額（㉑－⑳）	㉓	00	57
この申告書が修正申告である場合　既確定譲渡割額	㉔		58
この申告書が修正申告である場合　差引納付譲渡割額	㉕	00	59
消費税及び地方消費税の合計（納付又は還付）税額	㉖		60

⑪・㉒又は⑫・㉓の記入をお忘れなく。

㉖＝（⑪＋㉒）－（⑧＋⑫＋⑲＋㉓）・修正申告の場合㉖＝⑭＋㉕
㉖が還付税額となる場合はマイナス「－」を付してください。

付記事項

割賦基準の適用	有	無	31
延払基準等の適用	有	無	32
工事進行基準の適用	有	無	33
現金主義会計の適用	有	無	34

参考事項

課税標準額に対する消費税額の計算の特例の適用	有	無	35
控除税額の計算方法　課税売上高5億円超又は課税売上割合95％未満	個別対応方式		41
	一括比例配分方式		
上記以外	全額控除		
基準期間の課税売上高	千円		

還付を受けようとする金融機関等

銀行・金庫・組合・農協・漁協	本店・支店・出張所・本所・支所
預金　口座番号	
ゆうちょ銀行の貯金記号番号	－
郵便局名等	

※税務署整理欄

税理士署名　（電話番号　－　－　）

税理士法第30条の書面提出有
税理士法第33条の2の書面提出有

https://www.nta.go.jp/taxes/tetsuzuki/shinsei/shinkoku/shohi/06-E_pdf/01-ippan.pdf

2-05 消費税について こんな思い込みしてませんか？ ～よくある勘違い

税理士の視点だと、消費税についてまだまだ誤解されていると感じることがあるよ。

自分も思い込みで理解していることがあるかもしれないので、チェックしてみます！

個人でも消費税の課税事業者がいる

前節で説明した「消費税の課税事業者」は、個人事業主でも同じように当てはまります。

ですから、個人事業主でも要件を満たしていれば課税事業者になりますし、そうでなければ免税事業者です。

そして、届け出をすれば選択して課税事業者になることもできる、という法人と同一のルールが存在するわけです。

法人でも免税事業者がいる

同じように、法人でも消費税の課税事業者要件を満たしていなければ免税事業者になります。

個人事業主から法人成りする場合、**法人成りした瞬間に消費税の課税事業者になってしまう**と考える人がいますが、それは誤解です。

個人だから消費税をもらう権利はない？

「個人なのに請求書に消費税を含めないでよ、とお願いしたんです」という言う声をときどき耳にします。

「**法人は消費税を含めていいけど、個人は消費税を含めちゃだめ**」という勘違いをしている人が、実はとても多いようです。

実際は、個人であるか法人であるかと、消費税を受け取れるかどうかは関係ありません。

消費税も払っているのに源泉所得税も引いている？

「消費税もかけているのに、源泉税も引く（徴収する）なんておかしいですよね！」という声も耳にします。

しかし、消費税と源泉所得税はまったく別の税なので、両方かかるケースは当然あります。

源泉所得税は、消費税、インボイスといった内容とまったく別の話です。

源泉徴収制度とは、支給額からあらかじめ所得税や住民税、社会保険料などを徴収し、支払い者が代わりに納税する制度です。

多くの会社員は、給与から源泉徴収されていると思います。また、著述業などで原稿料や印税を受け取る際、あらかじめ出版社側で源泉徴収額を預かるケースも多いでしょう。

支給金額に対して手取金額が少なくなりますが、受け手が申告時の納税額負担を分散できるメリットがあります。

● 源泉徴収の仕組み（著述業などの場合）

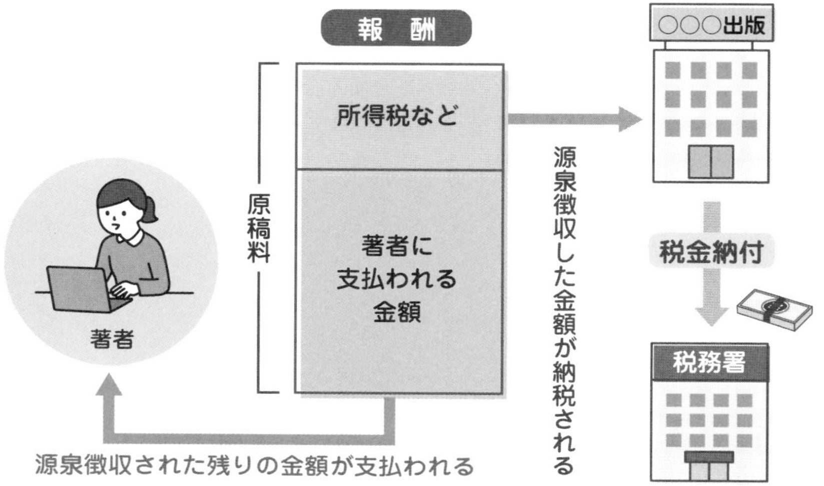

‖ 法人にすれば自動的にインボイス事業者になる？

「インボイス制度に関係なく、法人成りしたら自動的にインボイスに対応することになるんでしょ？」という声も聞きます。

おそらく「**法人＝消費税の課税事業者＝インボイス事業者**」という認識があるのだと思います。

これもまた間違いです。法人になったから課税事業者になるわけではなく、課税事業者になったからインボイス事業者になるわけでもありません。

あくまでも課税事業者の要件を満たすことで課税事業者になり、申請をして承認されたからインボイス事業者になる、というのが真実です。

‖ 税金の申告は「所得税」だけではない

個人事業を営んでいるわけでもなく、法人の代表者でもなければ、「**申告**」というと「所得税の確定申告」が思い浮かぶことでしょう。

日本は給与所得者の多くが、所得税の確定申告すら必要ないシステムなので、冬になるとよく耳にする「確定申告」というワードが唯一、なじみのある「申告」なのだと思います。

しかし、「申告」をするのは消費税も同じです。

消費税の課税事業者になれば、「**消費税の申告**」をする義務が生じるわけです。もちろんこちらも法人・個人も、申告時期や納期限を除けば、特に区別はありません。

税金で「申告」というと、所得税の確定申告を思い浮かべます。

それ以外にも、消費税の課税事業者にも消費税の申告義務があるんだよ。他にも「確定申告」は種類豊富なんだよね！

column

家賃の支払いで請求書や領収書のやりとりをしていない場合

契約に基づいて口座振替で家賃を支払っている場合など、毎月の請求書や領収書のやりとりが省略されているケースがあります。このような場合でも仕入税額控除を受けるためには、インボイスの受領が必要になります。

改めて相手にインボイスの発行を求めるか否かですが、次のような対応ができるということを知っておくと効率的に要件を満たすことができます。

- **支払先（家主）に連絡し、現在有効な契約書に家主のインボイス番号を追記する旨の通知をしてもらう**
- **現在の契約書、上記の通知、支払日に該当する部分の通帳や入出金明細をインボイスとして保存する**

ちなみに、家主が免税事業者である可能性もあり、その場合には免税事業者との取引であるという対応をせざるを得ません。

また、住宅仕様の物件の場合は、事務所のつもりでも契約上は住宅として借りていることになっていて、契約書にも消費税が記載されていない場合もあります。

もちろん、このような物件は、もともと非課税取引で処理されているはずなので、ひきつづき仕入税額控除の対象外ということになり、経過措置なども適用になりません。

第2章 まとめ

- ☑ 日本の消費税は3%から始まり、30年で10%（軽減税率8%）まで上がった。消費税導入や税率アップのたびに時の政権が批判にさらされてきた歴史がある。

- ☑ 消費税は支払った人のお金を事業者が国に納付している。免税事業者は納付する義務がない。

- ☑ 課税事業者になるというとき、判定によって強制される場合と、自ら選択する場合がある。

- ☑ 課税事業者の消費税の納税額は、ざっくり言えば受け取った消費税（仮受消費税）から、支払った消費税（仮払消費税）を差し引いて計算する。

- ☑ インボイス制度前に、消費税に関するよくある勘違いをなくしておこう。

第3章

消費税の簡易課税制度

ここまでの解説で、消費税の申告と納税はやはり手間だし、負担も大きいじゃないかと感じた人も多いと思います。免税事業者だった人が課税事業者になった場合の申告や納税は、たしかに負担が大きいです。
しかし、事業が大きくなればどうしても課税事業者にならざるを得ません。課税事業者にとっては申告と納税は最低限の義務なので避けては通れません。ここでは、課税売上高5,000万円以下の事業者が選択できる、消費税の簡易課税制度について解説します。

3-01

課税売上高5,000万円以下であれば簡易課税を選択できる

課税事業者の消費税の申告と納税ってかなり面倒に感じました。

確かに、免税事業者と比べると申告や納税の手間がかかるのは事実ね。

ただ、事業が大きくなれば必然的に課税事業者になるので避けられないことでもあるんですよね。

ここでは消費税の申告について取り入れやすい方法、できるだけ簡単に済ませる方法を解説します！

課税売上高が5,000万円以下なら慎重に比較が必要

実は、消費税の計算方法は大きく分けて２種類あります。

「厳密に計算する原則の方法」と、「ざっくり計算できる簡易な方法」です。前者を「本則課税」と呼び、後者を「**簡易課税**」と呼びます。

課税事業者で、基準期間の課税売上高が5,000万円以下であれば簡易課税制度を選択できます。

「1,000万円？」「5,000万円？」と頭が混乱するかもしれないので、一度整理しますね。

● 消費税納付の際の事業者の3つの区分

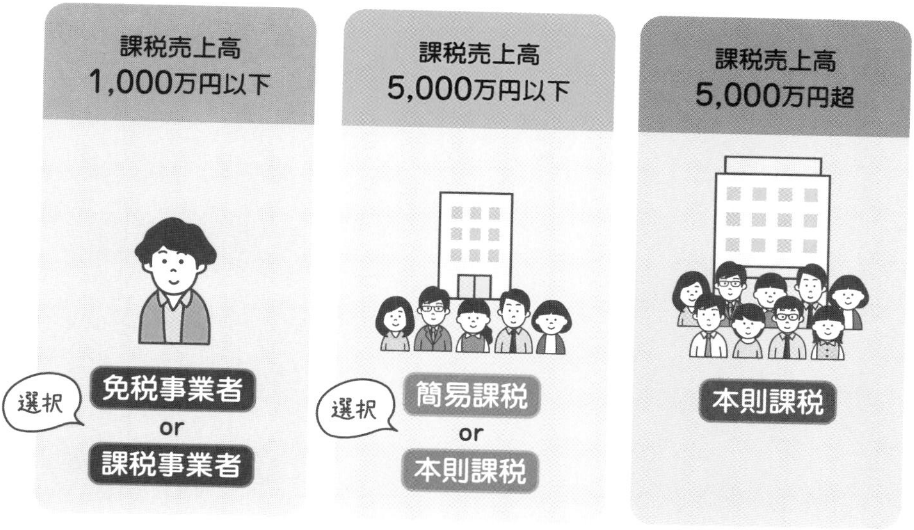

課税売上高5,000万円以下であれば簡易課税制度を選択できる

簡易課税制度を選択すると、消費税の計算を大幅に簡略化し、ざっくり計算することができます。

小規模事業者の事務負担の軽減をはかるための制度なので、シンプルな計算方法となっているのです。

なお、選択するためには事前に届け出をする必要があるので届け出の期限に要注意です。

■ 簡易課税制度にはデメリットも

「消費税の計算がざっくりと簡単にできるならそちらのほうが良いに決まってる！」と早とちりしてしまうのは危険です。

なぜなら、簡易課税制度より本則課税のほうが納税額が少なくなる場合もあるからです。

簡易課税納税額算出のルールでは、「**みなし仕入率**」というあらかじめ決められた割合を使います。仮受消費税（受け取った消費税）にみなし仕入れ率を乗じて消費税の納税額を計算するのです。

そのため、仮払消費税（支払った消費税）の金額に関係なく納税額を計算することになります。

みなし仕入率の計算で算出した金額よりも、実際の仮払消費税が少なければ得をしますが、実際の仮払消費税のほうが多ければ損をすることにもなりかねません。

みなし仕入れ率には次の表のような６つの種類（事業区分）があります。その事業者が営む「**業種**」によって、この６種類のどこに当てはまるかを

● **簡易課税制度の事業区分とみなし仕入率**

事業区分	該当する事業		みなし仕入率
第一種事業		● **卸売業** （他の者から購入した商品をその性質及び形状を変更しないで他の事業者に対して販売する事業）	90%
第二種事業		● **小売業** （他の者から購入した商品をその性質及び形状を変更しないで消費者に販売する事業） ● **農業・林業・漁業**（飲食料品の譲渡に係る事業）	80%
第三種事業	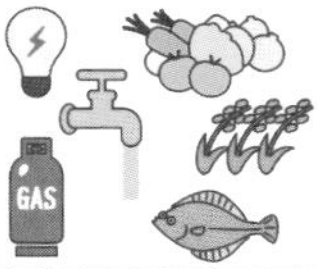	● **農業・林業・漁業**（飲食料品の譲渡に係る事業を除く） ● **鉱業、建設業、製造業**（製造小売業を含む） ● **電気業、ガス業、熱供給業及び水道業**	70%
第四種事業		● **第一種事業、第二種事業、第三種事業、第五種事業、第六種事業以外の事業**（飲食店業など） ※事業者が自己で使用していた固定資産を譲渡する場合も該当する	60%
第五種事業	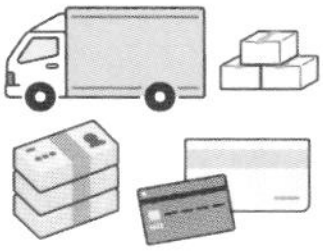	● **運輸通信業、金融・保険業、サービス業** （第一種事業から第三種事業までに該当しないもの）	50%
第六種事業	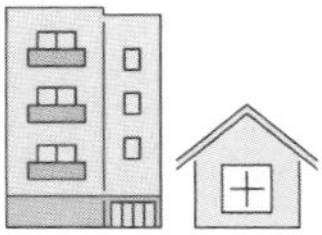	● **不動産業**	40%

国税庁の資料をもとに作成
https://www.nta.go.jp/taxes/shiraberu/taxanswer/shohi/6509.htm

決めます。なお、複数の事業を営んでいれば、それぞれの事業の課税売上に応じた比率で計算をします。

申告計算をシンプルにするメリットと、納税額を低く抑えるメリットの両方を享受できるのであれば、簡易課税を選択することに迷う必要はありません。しかし、納税額で不利になる危険性があることも含めて、慎重に検討する必要があります。

● 消費税で簡易課税を選択するメリットがあるケース

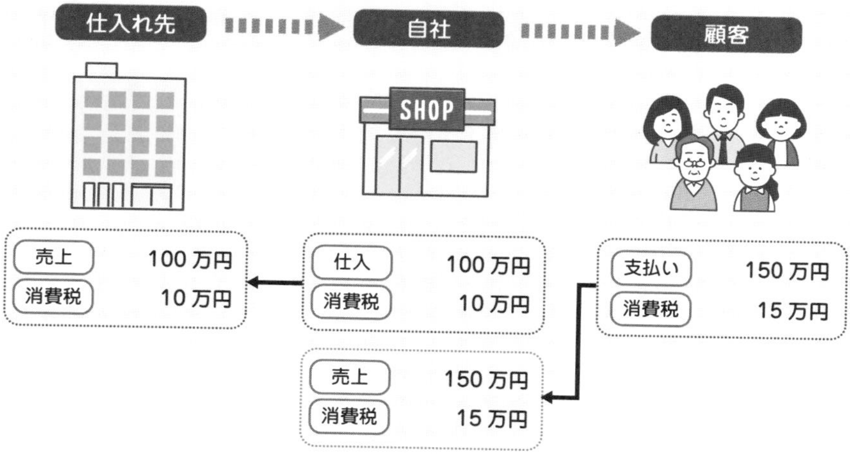

消費税の計算

本則　課税売上高×消費税率－課税仕入高×消費税率
150万円×10%－100万円×10%=5万円

簡易　課税売上高×消費税率－(課税売上高×消費税率)×みなし仕入率
150万円×10%－(150万円×10%)×80%(小売業の場合)
=3万円

本則の計算

売上税額＝(標準税率の対象となる税込売上額 × $\frac{7.8}{110}$)＋(軽減税率の対象となる税込売上額 × $\frac{6.24}{108}$)

仕入税額＝(標準税率の対象となる税込売上額 × $\frac{7.8}{110}$)＋(軽減税率の対象となる税込売上額 × $\frac{6.24}{108}$)

1,000万円以下なら簡略化を優先

このように、簡易課税を選択するかどうかには慎重な判断が必要です。

しかし、**課税売上高が1,000万円以下でインボイスをきっかけに課税事業者を選択した場合には、簡易課税で事務を簡略化する効果は絶大**です。

インボイス制度のルールを守るために、配慮しなければならないチェック事項は膨大で、事務作業は煩雑です。

記帳業務まで委託できる顧問税理士や専門知識のある経理担当者がいない場合には、できるかぎり事務作業をシンプルにしておくほうが得策です。

新たな費用をかけることを加味すれば、簡易課税を選択するメリットは大きいのです。

■ 1,000万円以下でも簡易課税を選択しないほうがいいケース

もちろん、1,000万以下でも簡易課税制度を選択して納税額が不利になるケースもあり得ます。

簡易課税による計算ではなく、本則課税で算出した消費税額のほうが納税額を少なく抑えられる場合です。

たとえば、事業規模と比べてあきらかに多額の支出が予定される場合などです。第2章2-03で説明した、「自ら課税事業者を選択するメリット」があるケースですね。

設備投資をしたり、大規模修繕を行ったり、ということがあると、支出額に含まれる消費税も多くなります。

このようなとき、受け取った消費税から実際に支払った消費税を差し引く、という本則課税の計算ができれば、もしかしたら多く払った消費税の還付を受けられる可能性があるのです。

簡易課税を選択していた場合、支払った消費税は考慮されないので、還付される可能性はありません。

簡易課税の届け出をしていたことによって、還付が受けられない、ってなったらショックですよねぇ。

そうなの。だから、多額の支出計画がある場合は、早めに検討して「消費税簡易課税制度選択不適用届出手続」の手続きが必要なんだ。

届け出を出せば、還付を受けた後、次の年に簡易課税に戻れるんですか？

実は、そこがポイント。実際には、次の年には戻れなくて、最低2年間は本則課税で計算しなきゃならないの。だから、還付されるという期待だけで結論を出すのはリスクが伴うわけ。

■ 簡易課税を選択したらやらなくてもいいこと

インボイス事業者が簡易課税制度を選択するメリットはもう１つあります。

インボイス事業者がしなければいけないこと（チェックしないといけないこと）を、簡易課税制度を選択した場合はしなくてもいい、ということです。

具体的に、インボイス制度開始後に想定される事業者のチェック事項は次ページのようなことです。

- 料金を支払った相手先からインボイスを受け取っているか？
- 受け取ったインボイスに、適格請求書発行事業者番号が記されているか？
- 適格請求書発行事業者番号とウェブサイトで公表されている適格請求書発行事業者は同一事業者か？
- 受け取ったインボイスに、税率ごとの消費税額が明記されているか？
- 明記されている消費税は、何度も端数処理されていないか？
- インボイスに間違いがあったら発行者に修正してもらっているか？
- 受け取った書類がインボイスではない場合、区分記載請求書の要件を満たしているか？
- 区分記載請求書を受け取った場合、経過措置の適用をするために伝票に記録をしたか？

ざっと考えただけでも、これらのチェック事項を確認する必要があります。

消費税の申告に慣れている課税事業者であれば、準備体制を整えながら対応できるでしょう。

しかし、インボイスを機に初めて課税事業者になる場合は、少しハードルが高そうです。これまでの仕事に加えて、煩雑な経理作業をこなしていく覚悟をしなければなりません。

ところが、簡易課税を選択することで上記のチェックは不要になります。

消費税の申告書作成もシンプルにでき、納税額をあらかじめ予測することも容易です。

このような理由から、**免税事業者がインボイス対応に踏み出す場合には、まず簡易課税からスタートするのがおすすめ**です。

ちなみに、第7章7-02で後述しますが、令和5年度（2023年度）税制改正で、シンプルで納税額を抑えられる方法が3年間限定の経過措置として準備されています（2割特例）。

簡易課税を選択していても選択していなくても、令和8年（2026年）9月30日までの3年間は経過措置を適用することができます。

3-02

消費税の計算が意外に複雑な理由

事業者が納税する消費税を計算するにはどうしたらいいと思う？

ええと、課税売上高の10%と課税仕入高の10%を差し引きして……あ、軽減税率もあるんでしたね。

それだけじゃない。売上や仕入れには消費税がかからないものもあるよ。

そうか、消費税の計算は想像以上に複雑なんですね……。

‖ 消費税の計算は10%や8%をかけるだけではない

課税事業者の経理を担当したことがなければ、「自分が支払った消費税を集計していくことがとても面倒」ということが腑に落ちない人もいるかもしれません。

消費税10%あるいは軽減税率8%だということはわかっているわけですし、さほど難しくないのではと考える人もいるのではないでしょうか。

実は、消費税の計算は思ったよりも複雑です。**取引のすべてに消費税がかかっているわけではない**というのがその主な理由です。

たとえば損害保険には消費税はかかりませんし、現金で渡したお祝い金などにも消費税は上乗せしませんよね。

また、給料や社会保険料にも消費税は課されていません。

● **すべての支払いに消費税がかかっているわけではない**

このように、事業で発生する取引のすべてを「消費税がかかる」「消費税がかからない」という判断をしながら経理処理をしていく必要があります。

会計ソフトでも大まかな判定はしてくれますが、消費税を申告する際はひとつひとつの数字の整合性を確認できる知識が必要です。

インボイス登録事業者でない相手に支払った金額は税額控除できない

このように消費税の計算は実は複雑なものです。

さらに、**インボイス制度では登録事業者ではない相手に支払った金額からは税額控除できません**（経過措置あり）。これについても個別の経理処理が必要になります。

単純に税率をかければ算出できそうな消費税ですが、どうもそこまで単純ではなさそうですよね。

3-03 みなし仕入率を使って納税金額を推測する

免税事業者が課税事業者になるのには、さまざまなハードルがあるんですね。

それに、課税事業者になった場合、どれくらい消費税を納税しないといけないかの把握も重要。その場合に役に立つのがみなし仕入れ率なんだ。

私でも計算できるってことですか？

免税事業者はみなし仕入率で納税金額を推定しよう

3-01ですでに説明したとおり、簡易課税制度を利用すれば、売上金額に含まれている消費税の金額に、業種別のみなし仕入率を乗じるだけで、おおよその消費税の納税額を計算することができます。

免税事業者がインボイス事業者になるかどうか迷っているとき、どのように消費税額をシミュレーションすればよいかがわかれば、検討しやすくなります。

その際、**みなし仕入率**を乗じる方法がもっとも簡単です。

ざっくりとその金額を納税するんだな、という認識でいれば、本則課税のほうが有利だとしてもひとまず慌てることはなさそうです。

‖ 簡易課税で納税額をシミュレーションする

実際にシミュレーションしてみましょう。

課税売上高が税込 880 万円で仮受消費税を 80 万円と仮定します。

みなし仕入れ率が 50％（第五種事業者。運輸通信業、金融・保険業、サービス業など）であると仮定すれば、80 万円× 50％＝ 40 万円が仕入税額控除の金額です。

予想納税額の算出方法は次のとおりです。

❶ 仮受消費税にみなし仕入れ率を乗じて仕入税額控除額を算出する

80万円 × 50% ＝ 40万円

❷ 仮受消費税から仕入税額控除額を差し引く

80万円 － 40万円 ＝ 40万円

これで予測値が出ました。納税額は、80 万円から 40 万円を控除した 40 万円になりそうだな、と予測できます。

● **みなし仕入れ率で納税額を予想する**

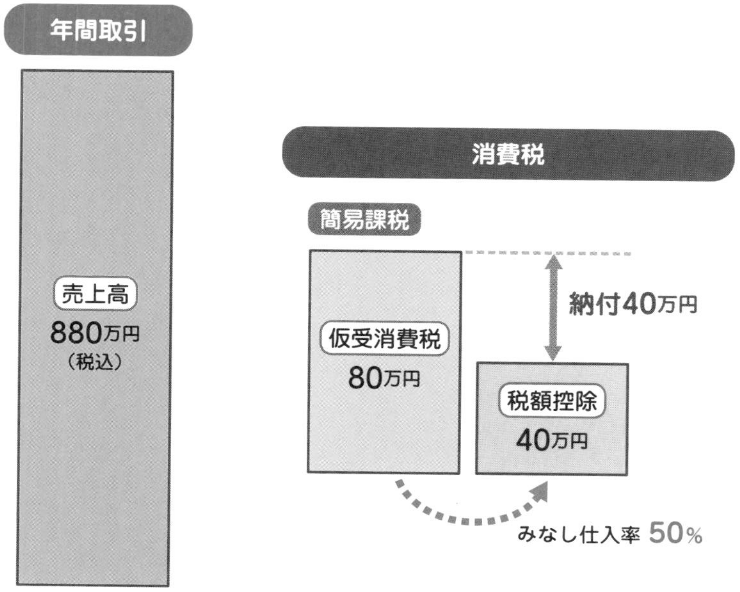

3-04 簡易課税制度を選択する際に忘れずにするべき事前準備

簡易課税制度を選択するためには、事前の届け出が必要なんですよね。

そうなの。期日を過ぎてしまわないように、いつまでなのか事前にチェックが必要だよ。
ちなみにインボイス開始直後には届け出の期限に特例措置があって、事業年度の開始後でも間に合うケースがあるよ。

簡易課税制度を選択するための届け出

免税事業者がインボイスを機に課税事業者になる場合、納税額を少なく抑えられるかシミュレーションをして、メリットがあれば、簡易課税制度を選択することをお勧めします。

なお、くり返しになりますが、簡易課税制度を選択する場合はあらかじめ税務署に届け出をすることが原則です。

簡易課税制度を選択するために提出するのは「**消費税簡易課税制度選択届出書**」（次ページ参照）という書類です。この書類を、簡易課税制度を利用して計算する事業年度が始まる日の前日までに税務署に提出する必要があります。

事業年度が 1 月 1 日から 12 月 31 日の場合は、前年の 12 月 31 日までに届け出をする必要があります。

事業年度が 3 月 1 日から翌年 2 月 28 日であれば、直前の 2 月末日（28

日、うるう年なら29日）ということになります。

● 消費税簡易課税制度選択届出書

第９号様式

消費税簡易課税制度選択届出書

収受印

令和　年　月　日	届出者	（フリガナ）	
		納税地	（〒000 － 0000） （電話番号　00 －0000－0000）
		（フリガナ）	
		氏名又は名称及び代表者氏名	
＿＿＿＿＿＿税務署長殿		法人番号	※個人の方は個人番号の記載は不要です。 0 0 0 0 0 0 0 0 0 0 0 0 0

下記のとおり、消費税法第37条第１項に規定する簡易課税制度の適用を受けたいので、届出します。
（□ 消費税法施行令等の一部を改正する政令（平成30年政令第135号）附則第18条の規定により消費税法第37条第１項に規定する簡易課税制度の適用を受けたいので、届出します。）

① 適用開始課税期間		自　令和　年　月　日		至　令和　年　月　日	
② ①の基準期間		自　令和　年　月　日		至　令和　年　月　日	
③ ②の課税売上高		円			
事業内容等		（事業の内容）		（事業区分） 第　種事業	
提出要件の確認		次のイ、ロ又はハの場合に該当する （「はい」の場合のみ、イ、ロ又はハの項目を記載してください。）		はい □	いいえ □
	イ	消費税法第９条第４項の規定により課税事業者を選択している場合	課税事業者となった日	令和　年　月　日	
			課税事業者となった日から２年を経過する日までの間に開始した各課税期間中に調整対象固定資産の課税仕入れ等を行っていない	はい □	
	ロ	消費税法第12条の２第１項に規定する「新設法人」又は同法第12条の３第１項に規定する「特定新規設立法人」に該当する（該当していた）場合	設立年月日	令和　年　月　日	
			基準期間がない事業年度に含まれる各課税期間中に調整対象固定資産の課税仕入れ等を行っていない	はい □	
	ハ	消費税法第12条の４第１項に規定する「高額特定資産の仕入れ等」を行っている場合（同条第２項の規定の適用を受ける場合） （仕入れ等を行った資産が高額特定資産に該当する場合はAの欄を、自己建設高額特定資産に該当する場合は、Bの欄をそれぞれ記載してください。）	A　仕入れ等を行った課税期間の初日	令和　年　月　日	
			A　この届出による①の「適用開始課税期間」は、高額特定資産の仕入れ等を行った課税期間の初日から、同日以後３年を経過する日の属する課税期間までの各課税期間に該当しない	はい □	
			B　仕入れ等を行った課税期間の初日	平成／令和　年　月　日	
			B　建設等が完了した課税期間の初日	令和　年　月　日	
			B　この届出による①の「適用開始課税期間」は、自己建設高額特定資産の建設等に要した仕入れ等に係る支払対価の額の累計額が１千万円以上となった課税期間の初日から、自己建設高額特定資産の建設等が完了した課税期間の初日以後３年を経過する日の属する課税期間までの各課税期間に該当しない	はい □	
		※ 消費税法第12条の４第２項の規定による場合は、ハの項目を次のとおり記載してください。 １「自己建設高額特定資産」を「調整対象自己建設高額資産」と読み替える。 ２「仕入れ等を行った」は、「消費税法第36条第１項又は第３項の規定の適用を受けた」と、「自己建設高額特定資産の建設等に要した仕入れ等に係る支払対価の額の累計額が１千万円以上となった」は、「調整対象自己建設高額資産について消費税法第36条第１項又は第３項の規定の適用を受けた」と読み替える。			
		※ この届出書を提出した課税期間が、上記イ、ロ又はハに記載の各課税期間である場合、この届出書提出後、届出を行った課税期間中に調整対象固定資産の課税仕入れ等又は高額特定資産の仕入れ等を行うと、原則としてこの届出書の提出はなかったものとみなされます。詳しくは、裏面をご確認ください。			
参考事項					
税理士署名		（電話番号　－　－　）			

※税務署処理欄	整理番号		部門番号			
	届出年月日	年　月　日	入力処理	年　月　日	台帳整理	年　月　日
	通信日付印 年　月　日	確認	番号確認			

注意　１．裏面の記載要領等に留意の上、記載してください。
　　　２．税務署処理欄は、記載しないでください。

https://www.nta.go.jp/taxes/tetsuzuki/shinsei/annai/shohi/annai/pdf/1461_13.pdf

豆知識

税務手続きの「提出期限」には２種類ある！

税務手続きで「いつから適用されるのか」と時期を明確にしなければならないものには、明確なルールがあります。１つは「**発信主義**」と呼ばれるもので、もう１つは「**到達主義**」と呼ばれるものです。発信主義の場合は、提出書類を郵送で送付した際の郵便物の消印の日付が有効になります。到達主義の場合は、期限までに税務署に到着したものが有効です。いわゆる「必着」です。

今回紹介した消費税簡易課税制度選択届出書の提出期限は「発信主義」なので郵便物の消印が有効です。

税務手続きをする場合に提出期限だけをチェックするのではなく、発信主義なのか到達主義なのかを事前に確認しておくと、うっかりミスを防ぐことができます。詳しくは次のページを参照してください。

https://www.nta.go.jp/taxes/tetsuzuki/shinsei/teishutsujiki/periodList.htm

インボイス開始直後の特例

このように、簡易課税選択の届け出は事業年度が始まる日の前日までに提出をするのが原則です。

よって、たとえば2023年10月１日のインボイス施行に合わせて課税事業者になった（インボイス事業者になった）場合、制度開始後に簡易課税方式を選択しようとしても、今期は間に合わないことになります。

ところが、インボイス制度開始直後には、この提出期限に特例が設けられています。

特例を受けることができる対象は、2023年（令和５年）10月１日から2029年（令和11年）９月30日までの期間中にインボイス登録を行い、その登録日からインボイス事業者となる事業者です。

対象となる事業者が、登録日が含まれる課税期間中に、消費税簡易課税制度選択届出書を提出した場合に、その課税期間の初日の前日に提出していたとみなされる（遡って簡易課税を適用できる）、という内容です。

つまり、事前に簡易課税制度の届け出をしていなかったとしても、課税期間中に提出をすれば間に合うということになります。

簡易課税のことを後から知った、あるいははじめは本則課税で消費税の申告計算をしようと思っていたけれども、細かい事務処理がやっぱり難しいと感じて簡易課税に変更したい、という場合などでも簡易課税を選べるので、この特例はありがたい内容です。

特例期間を過ぎると（厳密には 2029 年（令和 11 年）9 月 30 日が含まれる課税期間）、上記の特例は適用されなくなります。

従来の原則どおり課税期間の初日の前日までの届け出が必要です。

● **インボイス開始直後の簡易課税届け出提出期限の特例措置**

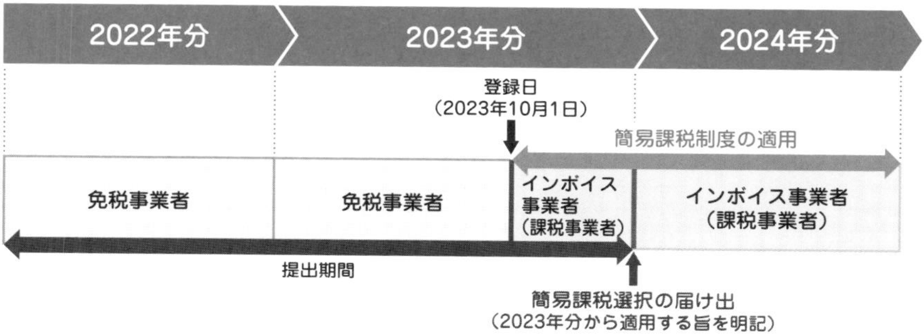

https://www.nta.go.jp/taxes/tetsuzuki/shinsei/annai/shohi/annai/pdf/0022009-058.pdf

‖ 新規開業事業者・新設法人の場合

新規に開業した個人事業主や新設法人は、当然ですが開業前に届け出をすることはできません。

そのため、初年度から簡易課税制度を選択したい場合は「**消費税簡易課税制度選択届出書**」の提出期限が特別に設けられています。

新設法人で資本金が 1,000 万円以上（初年度から課税事業者となる）、あるいは消費税課税事業者を選択している場合には、事業年度初年度中に届出書を提出することで簡易課税を適用することができます。

なお、新規開業事業者、新設法人についての期限は、インボイス制度に限らずもともとのルールです。

‖ 簡易課税制度のとりやめ

一方、簡易課税制度の適用を受けている事業者が本則課税に変更したい場合にも届け出が必要です。そのときに提出するのが「**消費税簡易課税制度選択不適用届出書**」（次ページ参照）です。

ただし、「**2 年縛り**」に注意が必要です。事業を廃止した場合を除いて、簡易課税制度を 2 年間継続して適用した後でなければ、その適用をやめることはできません。

● 消費税簡易課税制度選択不適用届出書

第25号様式

消費税簡易課税制度選択不適用届出書

収受印

令和　年　月　日	届出者	（フリガナ）	
		納税地	（〒 000 － 0000） （電話番号 00 －0000－0000）
		（フリガナ）	
		氏名又は名称及び代表者氏名	
＿＿＿＿税務署長殿		法人番号	※ 個人の方は個人番号の記載は不要です。 0 0 0 0 0 0 0 0 0 0 0 0 0

下記のとおり、簡易課税制度をやめたいので、消費税法第37条第５項の規定により届出します。

①	この届出の適用開始課税期間	自 ◉平成 ○令和　年　月　日　至 ◉平成 ○令和　年　月　日
②	①の基準期間	自 ◉平成 ○令和　年　月　日　至 ◉平成 ○令和　年　月　日
③	②の課税売上高	円
簡易課税制度の適用開始日		◉平成 ○令和　年　月　日
事業を廃止した場合の廃止した日		◉平成 ○令和　年　月　日
	個人番号 ※ 事業を廃止した場合には記載してください。	
参考事項		
税理士署名		（電話番号　－　－　）

※税務署処理欄	整理番号		部門番号					
	届出年月日	年　月　日	入力処理	年　月　日	台帳整理	年　月　日		
	通信日付印 年　月　日	確認	番号確認		身元確認	□ 済 □ 未済	確認書類	個人番号カード／通知カード・運転免許証 その他（　　）

注意　1．裏面の記載要領等に留意の上、記載してください。
　　　2．税務署処理欄は、記載しないでください。

https://www.nta.go.jp/taxes/tetsuzuki/shinsei/annai/shohi/annai/pdf/1461_14.pdf

第3章 まとめ

- ☑ 消費税には課税売上1,000万円以下、5,000万円以下、5,000万円超に壁がある。課税売上5,000万円以下の場合「簡易課税方式」を選択できる。

- ☑ 簡易課税を選択すると、業種別のみなし仕入率を用いて消費税の納税額を計算できる。

- ☑ 事務の簡略化には簡易課税選択が有効手段だが、事前にシミュレーションすることが大事。

- ☑ 簡易課税を選択する場合は届け出が必要、インボイス開始直後には届け出に特例が設けられている。

第4章

免税事業者はインボイスで何が変わるの?

インボイス制度の施行によって、取引の際にインボイス(適格請求書)の発行を求められるようになります。これが免税事業者にどのような影響があるかや、どのような対応が選択できるのかなどについて解説します。

4-01

免税事業者は消費税を受け取れなくなる

インボイスは事業者全体に影響がありますが、免税事業者は特に大きな影響を受けそうです。

消費税を堂々と受け取るためにはインボイス事業者になる必要があるからね。

一番大きな問題は、「消費税分の手取りが減る恐れがある」ということですね。

必ず手取りが減るというわけでもないのよね。あくまでも「公正な取引」を継続することになるよ。

‖ 消費税を受け取るためにはインボイスが必要

「インボイス制度が始まることによって、免税事業者は何が一番大きく変わるのか？」と問われたら、筆者は次のように答えます。課税事業者との取引上「**消費税を受け取れなくなること**」です。

簡単に言えば、「課税事業者から消費税を受け取ることに権利が生じる」のがインボイス制度です。インボイス施行後に消費税を受け取るためには、支払い側に堂々とバッジ（インボイス）をつけてアピールすることが必要となるわけです。

‖ 契約内容を確認する必要がある

インボイス施行後は、免税事業者は消費税を受け取れなくなります。

ただし、これには少し補足が必要です。「消費税」としては受け取ることができなくなりますが、**受け取る金額が減るかどうかは事業者間の話し合い次第**であるという側面もあるのです。

● **インボイス施行後は、免税事業者への支払い金額が減る！？**

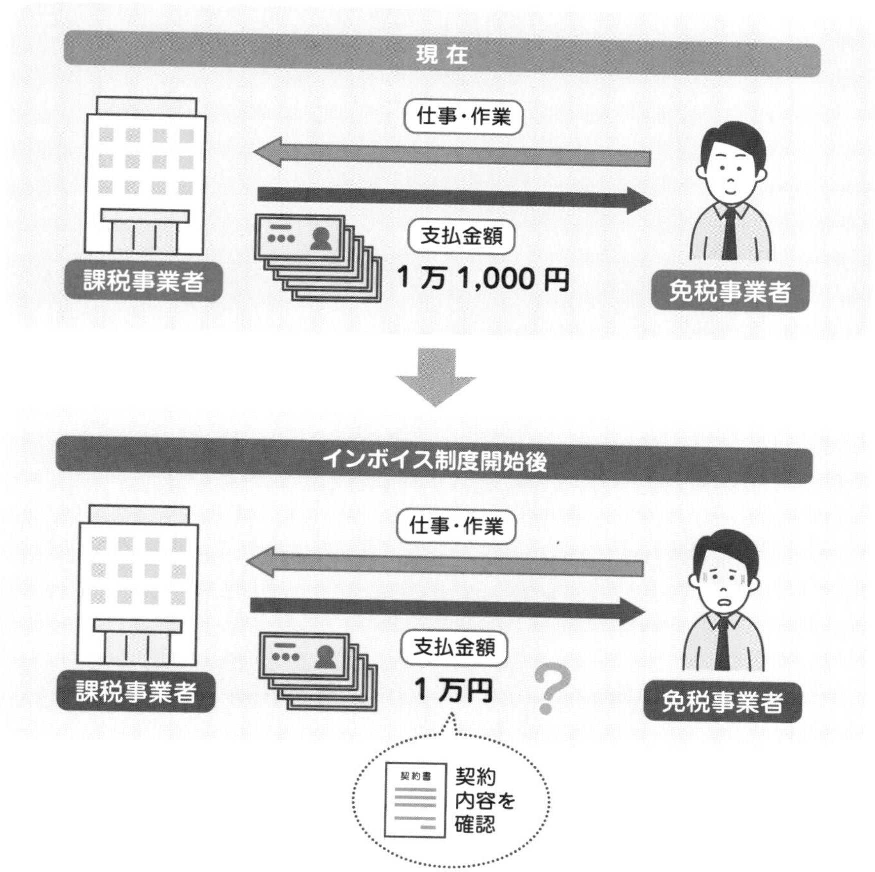

どういうことかというと、事業者間で取引の約束をするうえで定めた対価と消費税の取り扱いは、話し合って決めることだからです。

必ずしも「これまで1万1,000円いただいていたから、消費税10％を除いて1万円しかいただけない」というわけではありません。

取引の契約書を交わしていて、消費税について契約書内で言及されているなら、契約書に従うことになるでしょう。

これまでなんとなく消費税分が支払いに含まれていた場合などは、これを機に確認する必要があるでしょう。

「契約の見直し」ということもあります。当方と先方の認識が異なっている可能性もあります。

そのうえで、支払い側が今まで通り1万1,000円払ってくれるというのであれば、免税事業者はその取引での手取り額は減らないということになります。

手取りが減るなら大問題

ところが、そう甘くはないのも現実です。

今まで1万1,000円受け取っていた仕事が、免税事業者であることで、1万円に減額されてしまうことも想定しなければなりません。

この場合、消費税相当分の手取り額が減少してしまいます。

事業者にとって、手取り額が減ることは受け入れがたい事態です。

手取り額は減っても、日常的に生じる出費には消費税がかかっているため、支払額が減ることはありません。

自分は消費税を受け取れないけれども、支払時には消費税を払わなければならない、というつらさが伴います。

4-02 取引相手への配慮として「区分記載請求書」を発行

インボイス施行以降、免税事業者が取引相手に対して行うべきことはないんですか？

売り手側には義務はないけど、区分記載請求書を発行することが最低限のマナーだと思うわ。

区分記載請求書を発行すると取引先にどのようなメリットがあるのでしょうか。

区分記載請求書を受領した事業者は、経過措置によって一定期間、一定割合の仕入税額控除を受けられるの。

取引相手が仕入税額控除を受けられる

自分が今まで発行していた請求書や領収書を確認してみてください。

もしかすると、きちんとしたフォーマットがないまま相手とのやりとりだけで済ませていたりしないでしょうか。

免税事業者のままで取引を続ける場合、少なくとも「**区分記載請求書**」を発行することが望ましいです。なぜなら、課税事業者側は相手が免税事業者でも、区分記載請求書を受領して必要事項を記入すれば、一定期間の経過措置で仕入税額控除を受けられるからです（経過措置については第8

章で解説）。

取引先の立場に立つと、区分記載請求書を受領できなければ税額控除はゼロなので、課税事業者側に負担をかけてしまうことになります。

ただし、売り手側の義務ではありません。

区分記載請求書とはどんな請求書なのか、ここできっちり把握しておきましょう。

区分記載請求書に記載する必須事項は次のとおりです。

● 区分記載請求書等保存方式による記載事項

❶ 請求書等の発行者の氏名または名称
❷ 取引年月日
❸ 取引内容（軽減税率対象の品目がある場合にはそれがわかる記載）
❹ 取引金額（消費税率の区分をした合計額）
❺ 請求書等受領者の氏名又は名称
（小売店や飲食業など、不特定多数の顧客を対象にする事業者は省略可能）

消費税法第30条9に「区分記載請求書等」とあるように、請求書あるいはその他、たとえば領収書や納品書などでも可能です。

書類の名称などは問われていないので、上記の項目を満たした書類のことを指します（消費税法第30条9）。

● **請求書と区分記載請求書**

請求書

請求書

●●株式会社 御中　　株式会社■■

¥ ●,●●●

品番・品名	数量	単価	金額
101 レタス	1	150	150円
201 マグカップ	2	1,000	2,000円
合計			●,●●●

※要件を満たしていない

区分記載請求書

請求書

●●株式会社 御中　　株式会社■■

¥ ●,●●●

品番・品名	数量	単価	金額
101 レタス ※	1	150	150円
201 マグカップ	2	1,000	2,000円
合計			¥●,●●●

10% 対象	2,000円
8% 対象（軽）	150円

※軽減税率対象項目

‖ 免税事業者が発行する区分記載請求書とは？

　これまでは、免税事業者でも消費税を請求していたケースが多かったと思われます。

　しかし、もともと免税事業者が消費税を請求することは想定されていませんから、消費税額を記載する必要はありません。

　インボイス制度が始まると、原則的な考え方が徹底されるようになります。

　つまり、**免税事業者の請求には消費税額は含めない**ということです。

　区分記載請求書の発行は求められますが、あくまで「取引対象が軽減税率なのか否か」の区分を求められるにすぎないのです。

4-03 取引相手が一般消費者であれば何も変わらない？

インボイス対応は事業内容によっても変わるよ。たとえば一般消費者相手であればインボイスを求められることはないと予測できるよね。

そうですね。でも、インボイスに詳しい人に疑問をもたれることもありそうですね。

あと、接待などで利用した人からはインボイスを求められる可能性があるね。

インボイスの有無で消費税を控除できるかどうかが変わってきますね。

一般消費者相手の場合は インボイスを求められることはなさそう

ご自身の仕事内容によってもインボイスへの対応方法は変わります。

たとえば、小売店やエステサロン、ピアノ教室など、**主に消費者（個人事業を営んでいるわけではない一般消費者）を顧客としている場合は、顧客からインボイスを要求されることはない**と思われます。

この場合、サービスや商品の対価をお支払いいただくというこれまでのやり方で問題ありません。

原則的には、免税事業者が消費税を請求することは想定されていません。

しかし、これまでと同様に消費税を含めた金額と同じ金額のまま営業していたとしても、特に問題にはならないでしょう。

ただし、世の中でインボイス制度については大きく騒がれているので、インボイスの知識がある消費者の中には、免税事業者から消費税を請求されることに疑問を感じ、言及される可能性はゼロではありません。

また、**飲食店などで事業の接待の用途で利用する人が、事業主宛ての領収書を要求**してくる可能性があります。そのような時、免税事業者はインボイスを発行することはできない旨を伝え、区分記載請求書の要件を満たした領収書を渡す、といった対応になるでしょう。

相手が接待費用を事業経費として取り扱う場合は、一般消費者とは異なって仕入税額控除の要件を満たすために、インボイスを必要とするからです。事業主側は、インボイスの有無により、仕入税額控除に影響が出るというわけです。

唯一無二の事業で免税事業者を貫く場合のイメージ戦略

しかし、値引き要求を恐れるばかりで堂々と商売ができないのはもったいないことです。

事業が唯一無二で、習得が難しい技術を売りにしていたり、コミュニケーションの円滑さで取引相手に絶対的な信頼があれば強みになります。実際、課税事業者からこの人以外には考えられない、と高く評価されている免税事業者はたくさん存在します。

それでも考えておくべきなのは、インボイス制度により「自分が免税事業者である」ということが相手に知られてしまうメリット・デメリットです。取引先によっては、相手が免税事業者であるということをマイナスイメージに受け止める企業もあるでしょう。

● **インボイス施行で取引先に免税事業者であることが明らかになる**

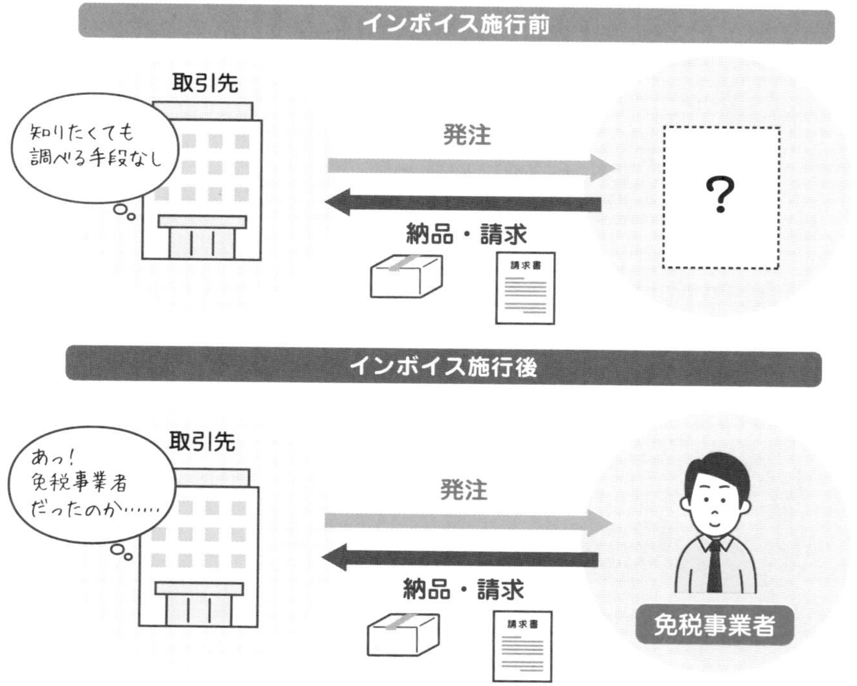

一方、規模が小さいからこそ意思疎通が素早く行われ、よりきめ細かく対応してくれるのではないか、といったプラスイメージを持ってもらえる取引先もあるはずです。

事業規模を拡大していく予定があるなら、インボイスを機に課税事業者になるのも選択肢

事業にはイメージがとても大切です。

イメージ＝社会的影響ともいえます。事業の真の実態が取引相手にわからないからこそ、うまくいっていたケースもあります。逆もしかりです。

インボイス制度によって、免税事業者であることが取引先に知られることで、「今後も事業を拡大させていく方針ではない」と受け取られる可能性があります。

もちろんそのとおりであればかまいませんが、もしゆっくりでも事業を拡大していく計画があり、現在は1,000万円未満の規模だけれども、数年後にそれ以上を目指している事業者であれば、インボイス制度をきっかけに少しフライングしてでも、インボイス事業者を選択するのもアリだと思います。

■ インボイス制度で取引相手の選別が始まる

インボイス制度を機に、多くの企業は取引相手を選別することになるでしょう。

もちろん、課税事業者側の立場になって、自社との取引を継続してもらうための環境を整えること（課税事業者になって簡易課税を選択する、免税事業者でも取引相手が当面仕入税額控除を受けられるように区分記載請求書を発行するなど）も対策です。

あるいは、現状のままで仕事を発注したい、といわれるような価値を生み出す方針もアリです。

圧倒的に価格競争力がある、他にはない顧客満足度の高い対応など、小規模事業者にしかできない戦術を駆使して活躍することは可能だと思います。

4-04

課税事業者になった場合は消費税の申告と納税を行う

免税事業者がインボイスを発行するためには課税事業者になる必要があるのよ。

消費税の課税事業者はどんなことをする必要があるのですか？

申告と納税だよ。今より事務負担と金銭的な負担は増えてしまうね。

申告も納税も、正直いえばツライです……。

‖「申告」と「納税」の義務

事業者がインボイスを発行する権利を得るためには、消費税の課税事業者になる必要があります。

課税事業者になると、免税事業者のときには必要なかった義務が生じます。その義務とは次の２つです。

❶ **消費税の申告をする義務**
❷ **消費税の納税をする義務**

■ 消費税の申告をする義務

まず「❶消費税の申告をする義務」についてです。

課税期間中にどれだけの消費税を受け取ったのか、またどれだけの消費税を支払ったのかや、支払った消費税が10％の標準課税あるいは8％の軽減税率か、もしくは消費税8％の時代に契約したリース料である……というケースもあり得ます。そのような内訳を細かく集計して申告することになります。

● **軽減税率対象と標準税率対象**

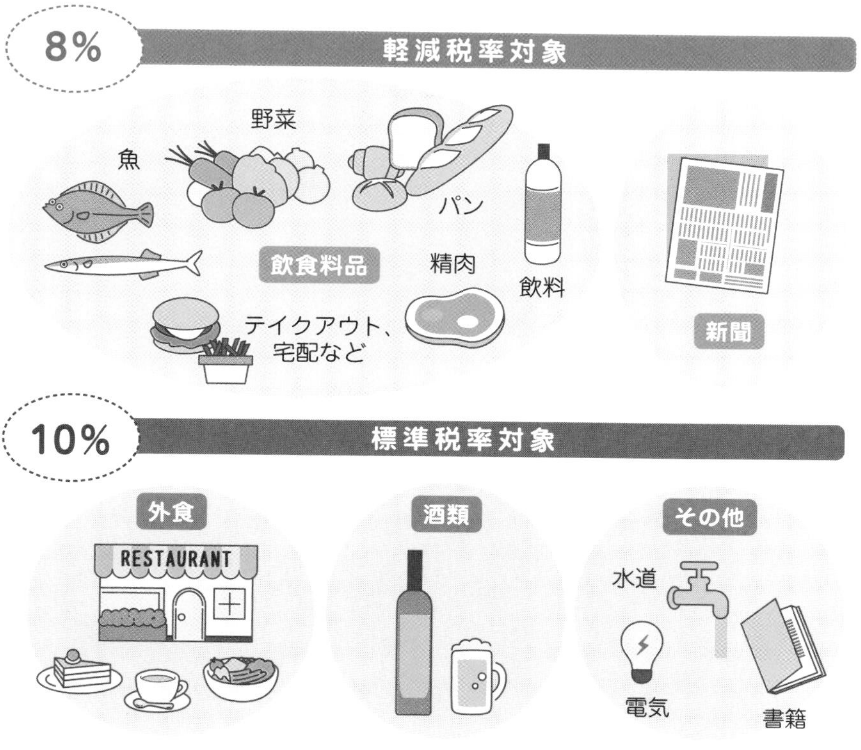

このように、1つ1つの取引から集計した消費税を申告書としてまとめます。法人であれば法人税の申告のタイミングで、個人事業主は毎年3月31日までに申告が必要です。「消費税申告の事務負担が大きい」ということが、インボイス発行のために課税事業者になる事業者にとって大きなネックになることは間違いありません。

これまで自ら税の申告を行っていた事業者も、自力で完結させるのがなかなか難しくなってしまいます。

ただし、この負担をやわらげてくれるのが、前述した「簡易課税制度」、そして後述する「2割特例」です。2割特例は期間限定ではありますが、これらは本則課税の申告に比べれば、負担なく申告できるでしょう。

■ 消費税の納税をする義務

「❷消費税の納税をする義務」について説明します。

消費税の申告書で集計した結果、納めるべき消費税が算出されます。原則、申告期限までに納税も必要になります。

ちなみに、支出した事業経費には消費税の課税取引ではない支払いもあります。代表的なものでいえば「給料」「社会保険料」「支払保険料」「税金」「利息」などです。支出は伴いませんが「減価償却費」もその一例です。

仮に決算が赤字の場合でも、納める消費税がなくなるわけではありません。赤字の原因が課税取引ではない支払いの分であれば、支払ったお金が多くても消費税には影響がないためです。

また、簡易課税の場合、決算が黒字であろうが赤字であろうが、受け取った消費税にみなし仕入れ率を乗じるだけですから、必ず納税額が生じることになります。

第4章 まとめ

☑ 免税事業者はインボイス制度開始後は堂々と消費税を受け取れなくなる。

☑ 免税事業者が区分記載請求書を発行することで、経過措置として課税事業者が仕入税額控除を受けられる。

☑ 主な販売先が一般消費者である場合は、インボイス制度開始の影響は少ない。

☑ 免税事業者がインボイス制度開始を機に課税事業者になる場合、消費税の申告と納税の義務が発生する。

第5章

課税事業者は インボイスで 何が変わるの？

インボイス制度によって課税事業者が受ける影響や、対応が必要なことについて解説します。特に、課税事業者は取引先に非インボイス事業者がいる場合、これまでどおりの取引を続けていると支出が増えることがあります。そのため取引先に事前のヒアリングを行う必要があります。

5-01 インボイス登録番号を取得する

インボイス施行によって、課税事業者はどのような対応をする必要があるのでしょう。

インボイスを発行するためには、インボイス登録番号を取得する必要があるね。

インボイスには登録番号を記載しないといけないんですよね。

登録した事業者は名簿に記載され、その一覧はWebサイトで公開されるのよ。

すでに課税事業者でも、インボイス制度施行で自動的にインボイス事業者になるわけではありません。

インボイス事業者になるためには、事業者は税務署に「**適格請求書発行事業者の登録申請書**」を提出して登録する必要があります。

申請書の書き方は第6章で図解しますが、書式を紹介します。

● 適格請求書発行事業者の登録申請書 国内事業者用

表面

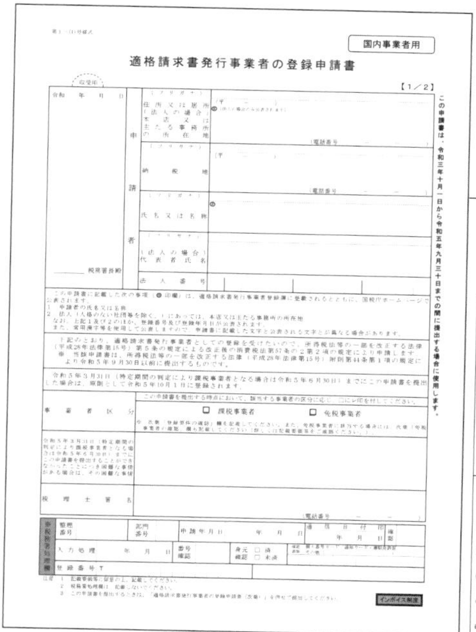

国内事業者用

適格請求書発行事業者の登録申請書

【1／2】

裏面

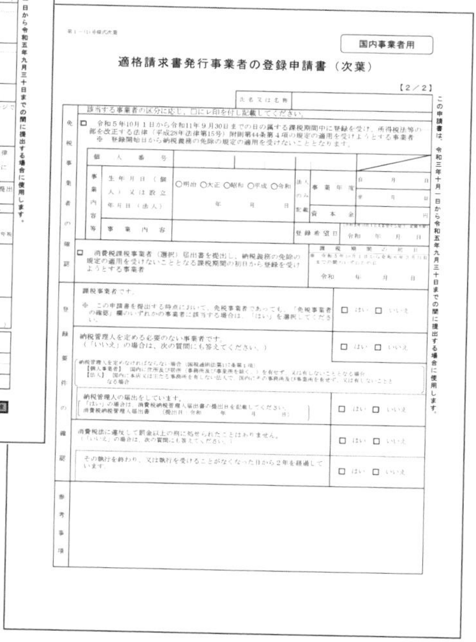

国内事業者用

適格請求書発行事業者の登録申請書（次葉）

【2／2】

https://www.nta.go.jp/taxes/tetsuzuki/shinsei/annai/shohi/annai/pdf/0022003-083.pdf

申請後、審査を通過するとインボイス事業者に登録され、事業者名簿に記載がされます。

事業者の一覧はWebサイトに公表され、誰でも閲覧できるようになります。

公表されるのは次ページの事項です。

● 公表されるインボイス事業者情報

法人	❶法人名 ❷本店または主たる事務所の所在地 ❸登録番号 ❹登録年月日 ❺登録取消（失効）年月日
人格のない社団等	❶名称 ❷登録番号 ❸登録年月日 ❹登録取消（失効）年月日
個人事業者	❶氏名 ❷登録番号 ❸登録年月日 ❹登録取消（失効）年月日（住所は公表されません）

個人事業主や人格のない社団等は住所が記載されないため、同名が複数存在する場合には区別がつきません。

そこで、個人事業主等が住所の表記を希望する場合は、別途「**適格請求書発行事業者の公表事項の公表（変更）申出書**」を提出します。

この変更申請書により、個人事業者は主たる屋号や住所、通称や旧姓の公表も可能です。

● 適格請求書発行事業者の公表事項の公表（変更）申出書

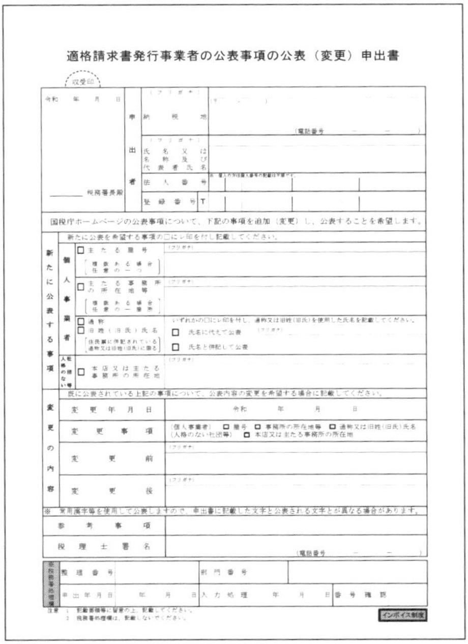

適格請求書発行事業者の公表事項の公表（変更）申出書

収受印

令和　年　月　日

税務署長殿

申出者		
（フリガナ） 納税地	（〒　－　） （電話番号　－　－　）
（フリガナ） 氏名又は名称及び代表者氏名	
法人番号	
登録番号	T

国税庁ホームページの公表事項について、下記の事項を追加（変更）し、公表することを希望します。

新たに公表する事項

新たに公表を希望する事項の□にレ印を付し記載してください。

個人事業者	□主たる屋号 〔複数ある場合任意の一つ〕	（フリガナ）
	□主たる事務所の所在地等 〔複数ある場合任意の一箇所〕	（フリガナ）
	□通称 □旧姓（旧氏）氏名 〔住民票に併記されている通称又は旧姓（旧氏）に限る〕	いずれかの□にレ印を付し、通称又は旧姓（旧氏）を使用した氏名を記載してください。 □ 氏名に代えて公表 （フリガナ） □ 氏名と併記して公表
人格のない社団等	□本店又は主たる事務所の所在地	（フリガナ）

変更の内容

既に公表されている上記の事項について、公表内容の変更を希望する場合に記載してください。

変更年月日	令和　年　月　日
変更事項	（個人事業者） □屋号 □事務所の所在地等 □通称又は旧姓（旧氏）氏名 （人格のない社団等） □本店又は主たる事務所の所在地
変更前	（フリガナ）
変更後	（フリガナ）

※ 常用漢字等を使用して公表しますので、申出書に記載した文字と公表される文字とが異なる場合があります。

参考事項	
税理士署名	（電話番号　－　－　）

税務署処理欄			
整理番号		部門番号	
申出年月日	年　月　日	入力処理　年　月　日	番号確認

注意 1 記載要領等に留意の上、記載してください。
2 税務署処理欄は、記載しないでください。

インボイス制度

https://www.nta.go.jp/taxes/shiraberu/zeimokubetsu/
shohi/keigenzeiritsu/pdf/invoice_shinei11.pdf

5-02

インボイスを発行する

事業者の登録が完了したら、インボイス（適格請求書）を発行できるようになるよ。

インボイスと、これまでの請求書の違いはどのような部分なんですか？

特徴的なのは、インボイス番号や消費税額の表示ね。ほかにも、発行時の細かな注意点があるから、ここで詳しく解説するね。

区分記載請求書とインボイスの違い

インボイス事業者になると、インボイスが発行できるようになります。

つまり、適格請求書発行事業者の登録申請書（81 ページ）を提出して、登録簿に記載された日から適格請求書（インボイス）を発行できるようになるということです。

ここでは**インボイスの書式**について説明します。

2023 年（令和 5 年）9 月 30 日までの仕入税額控除の要件を満たすための記載様式である「**区分記載請求書**」と、2023 年（令和 5 年）10 月以降の「**適格請求書（インボイス）**」を比較したのが次ページの図です。

● 区分記載請求書と適格請求書（インボイス）の比較

区分記載請求書 2023年（令和5年）9月まで

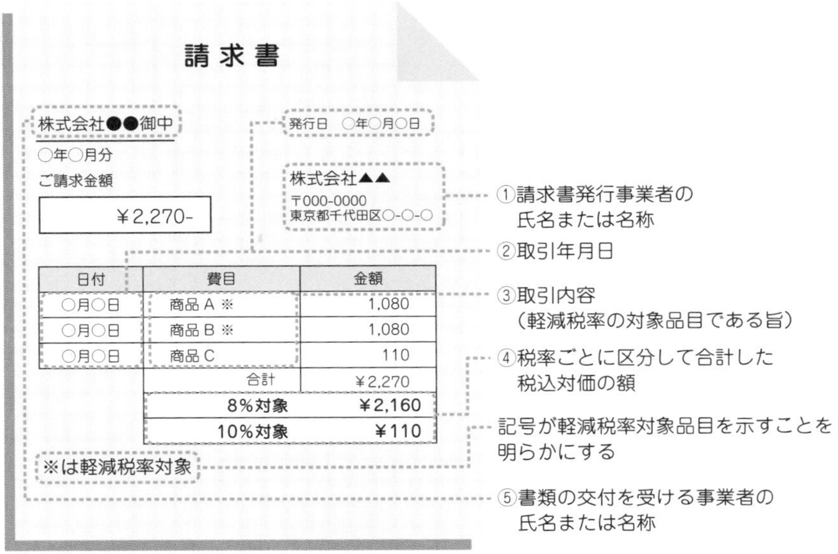

適格請求書（インボイス） 2023年（令和5年）10月から

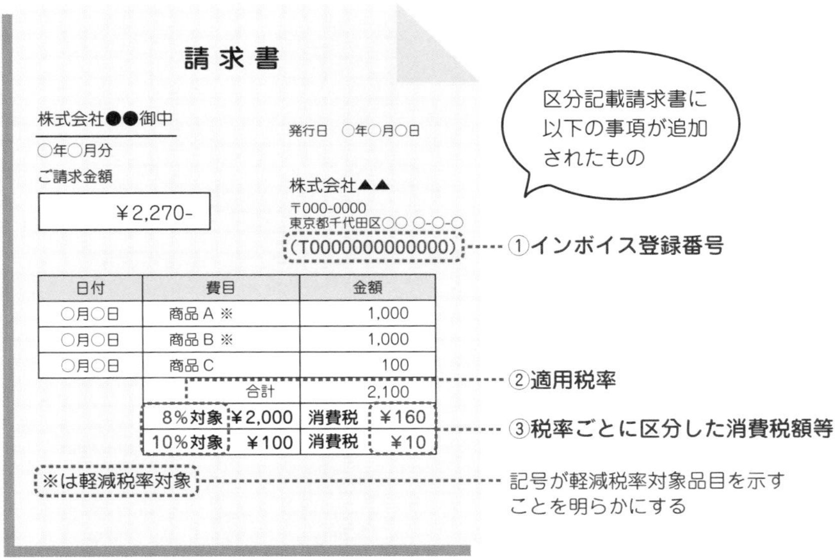

インボイスを発行する際には、これまでの区分記載請求書の表記に加え、次の事項を追記する必要があります。

● 区分記載請求書に加えてインボイスに記載するべき事項

❶ インボイス登録番号
❷ 適用税率
❸ 税率ごとに区分した消費税額等

これらの事項を追記することに加え、インボイス発行の際の注意点が次のようにいくつかあります。

● インボイス発行の注意点

❶ 消費税を乗じる際の端数処理について、切り上げ、切り捨て、四捨五入は任意に選択可能（従来通り）
❷ 消費税を乗じる際の端数処理について、請求書1枚あたり税率ごとに1回の端数処理（単品ごとに端数処理をした金額を合計することは不可）
❸ インボイスに「インボイス」「適格請求書」といった名称は不要
❹ ひとつの取引について納品書や請求書などの異なる複数の書類を合わせて、インボイスの記載事項を満たすことも可能
たとえば、次のⓐやⓑのようなケースが考えられます
ⓐ 納品時にその都度発行した「複数の納品書＋月合計の請求書」の組み合わせ
ⓑ 事務所の賃貸借のように、契約書に基づいた支払いがされ、その都度書類のやりとりがなされていない場合などは「契約書＋通帳」の組み合わせ
❺ 書面での発行に代えて、電子データで提供することができる（電子インボイス）
たとえば、電子メール送信、Web上のサイトを通じた提供など
❻ 買い手が作成する書面（仕入明細書等）をインボイスとすることも可能

5-03 不特定多数の取引相手には「簡易インボイス」を発行できる

インボイスに記載する内容はわかりましたが、けっこう細かいですね。

一般的な請求書は特定の取引相手に発行することが前提だからかな。

不特定多数の取引相手がいる事業者はちょっと面倒に感じますね……。

たとえば小売業や飲食店などでは、簡易インボイスの発行が認められているよ。

不特定多数の顧客にサービスを提供する事業者

小売業、飲食店業、写真業、旅行業、タクシー業、駐車場業のように、不特定多数の顧客にサービス提供をする業種は、適格簡易請求書（簡易インボイス）の発行でもよいとされています。

簡易インボイスの特徴は、インボイス受領者の名称を省略できることと、消費税額と適用税率のいずれかの記載でも可とされている点です。

● 簡易インボイスの特徴

❶ インボイス受領者の名称を省略可能
❷ 消費税額と適用税率のどちらかの記載でも可能

● 簡易インボイスの例

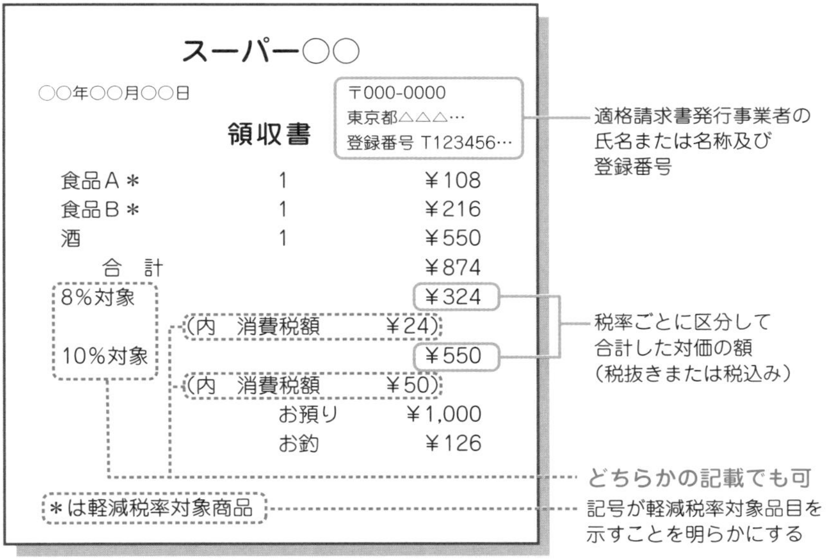

5-04

インボイス制度が始まると消費税の納税額が増える

インボイスが施行されると、これまでどおりの取引では不都合が起きるケースがあるのでしょうか。

免税事業者に支払った消費税分は原則仕入税額控除できないのよ。

控除できない分は納税しないといけないので、資金繰りに影響する恐れもありますね……。

支払金額の詳細について、取引内容を相手方ときちんと確認する必要があるね。

‖ 免税事業者に支払った消費税は控除できない

これまで、取引（支払い）相手が課税事業者か免税事業者かを気にすることなく、取引を行ってきたはずです。

ところが、インボイス制度が始まると、そうはいかなくなります。

もちろん今までと同様の取引を継続することもできます。

しかし**インボイス施行以降は、免税事業者との取引（支払い）で生じた消費税分は税額控除できません**（経過措置あり）。

● 免税事業者への支払いに含まれる消費税は控除できない

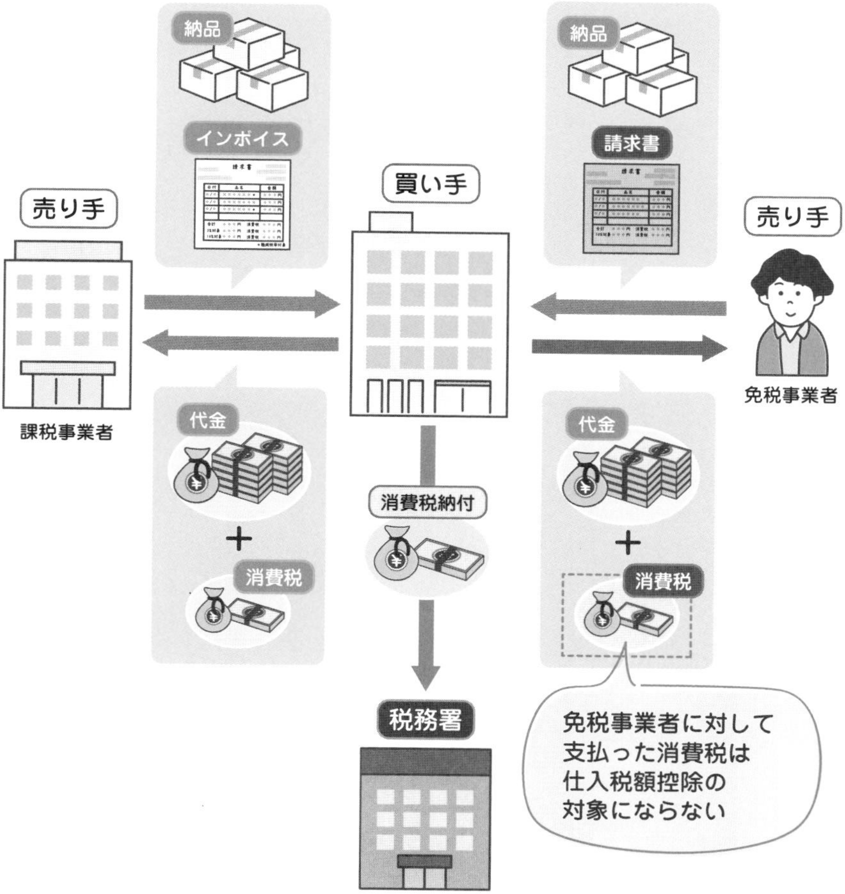

■ 資金繰りに影響が出る恐れも

つまり、**免税事業者との取引が多いと、税額控除ができずに消費税の納税額が増え、資金繰りを圧迫する**恐れがあります。

消費税を税額控除できないのであれば、免税事業者への支払金額は消費税分を下げた金額に設定しよう、と考えるのもやむを得ないでしょう。

一方的な値下げは違法になる恐れ

　このように、資金繰りにも影響しかねない問題ですので、免税事業者に対して値下げを求めたくなるのはやむを得ません。

　しかし、**取引相手の合意がないのに、一方的に取引金額を変更することは、公正な取引として成り立ちません**。

　第1章の13ページでは「免税事業者は消費税を受け取れなくなるので手取りが減る」と説明しましたが、これには注意が必要で、買い手の一方的な要請で取引金額を下げることは違法になる恐れがあります（詳しくは次節で解説）。

　公正な取引には、双方の合意が必要です。

　インボイス制度開始後の買い手の方針や取引価格についての考え方を伝える必要があります。

　このようにインボイス制度が始まることによって、免税事業者との取引には慎重にならざるを得ないということは、事前に知っておいたほうがよさそうです。

● 一方的な取引内容変更は違法になる恐れ

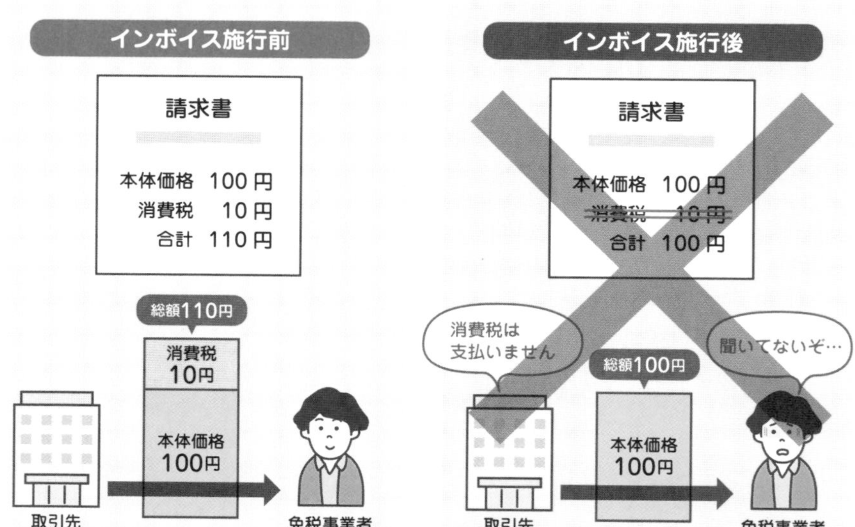

5-05

支払い先の免税事業者との交渉や事前準備

免税事業者への支払いで、これまで税額控除できていた部分が減ってしまう、ということはわかったと思うんだけど……。

インボイス対応について、免税事業者へ協力をお願いする必要がありますね。

そうだね。でも、一方的に取引内容を変更することはもちろんダメだよね。違法な行為にならないよう注意しなければ。

取引において免税事業者側の立場が強い場合もあるので、一層気をつけないといけませんね。

‖ 免税事業者へのインボイス対応の協力要請

課税事業者が免税事業者へ今までと同額の支払いをすると、税額控除ができなくなる分、消費税の納税額が増えてしまうということは、インボイス制度による影響のひとつとして支払先の免税事業者にもご理解をいただくべきです。

ただし、この影響による混乱を避けるための対策として、いくつかの**経過措置**が設けられています（第 7 章 7-02 で解説）。

課税事業者の間では、インボイス制度の周知をしたり、免税事業者へ直接ヒアリングしたりと、インボイス制度実施へ協力を要請する動きが出てきています。

■ 違法になる恐れってつまり…？

実際にどのように協力を得るかは、とても神経を使う部分です。

「インボイス登録しなかったら仕事を渡さないよ」とか、「消費税分は払えないからね」みたいな一方的で軽はずみなことを言ってしまうのは**独占禁止法**の観点で禁じられています。

独占禁止法の観点とは、**優越的地位の濫用規制**のことを指しています。

この規制は３つのチェックポイントがあります。

> **❶ 優越的地位**
> **❷ 正常な商慣習に照らして不当である**
> **❸ 濫用行為**

たとえば、課税事業者が二者の関係性において優越的地位（❶）にあり、一方的な内容で（❷）、減額（❸）などを行ってしまうことを指します。

● **優越的地位を利用した一方的な要求は独占禁止法違反**

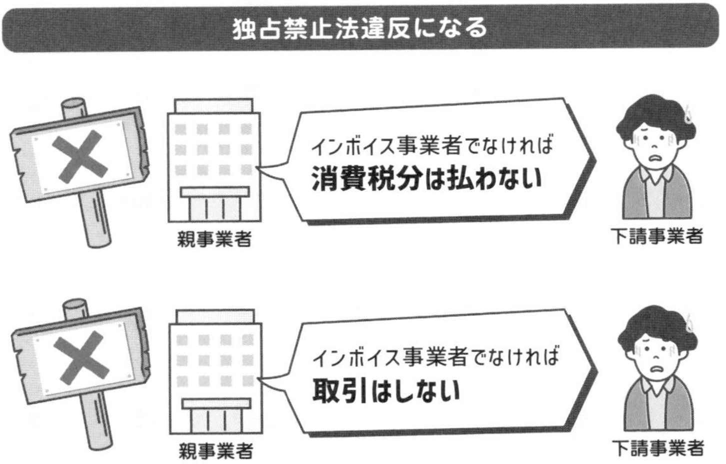

課税事業者の立場が上と仮定して説明してきましたが、実際は免税事業者の立場が上のケースもあります。

その免税事業者の機嫌を損ねてしまったら事業を円滑に進めることができないといったケースです。

そのような話題も散見します。

■ インボイス制度開始後に混乱しないために

インボイス制度のことをよく理解しないままでいる免税事業者がいた場合、結局どうするのが正解なのかわからないまま、インボイス制度がスタートする可能性があります。

インボイス制度は、課税事業者の税額控除のための制度なので、売り手である免税事業者側に対し、何ら強制できることはありません。

ですから、インボイス制度開始後に混乱を招くことにならぬよう、ある程度想定されるパターンをサンプルとして紹介しておきます。

A 売り手がインボイス事業者であれば登録番号を教えてもらう

B 売り手がインボイス事業者を選ぶ予定がなければ
(免税事業者のままでいる)、その旨を教えてもらう

▶先方が任う事務内容によって、社内で対応方法を検討し、
方針を伝える。
双方の合意が得られた取引内容に基づき、取引を継続

▶合意地点が見つからないことも予想される。
その場合、業務の穴埋めはどうするのかを社内で再検討

5-06 経理事務が複雑になり、従来のやり方のままでは業務がパンクする恐れも

インボイス制度が始まると、事務の現場作業も変わる可能性があるのよ。

インボイス対応の請求書は記載内容が多くてチェックが大変そうです。

経理担当者がすべてのチェックをするのは現実的ではないと思うわ。

ちゃんと役割分担しておかなきゃですね。

受け取った請求書のチェックが必要になる

インボイス制度が始まることによって経理の現場はどうなるでしょうか。

税額控除の要件を満たしたインボイスなのか否かを確認するため、受け取った請求書やレシートの中身を、その都度チェックしなければなりません。

言うまでもなくこれまでよりも確実に**経理事務は複雑**になります。

インボイスなのか、そうでないのかを分別するところから

具体的には、受け取った請求書やレシートがインボイスなのか、あるいはインボイスではない（登録事業者以外が発行したもの）のかを分別するところから始めます。

もしこれを経理担当者がすべて分別していては、おそらく本来の経理業務に割くべき時間がなくなってしまうでしょう。

そのため、請求書やレシートを受け取った人、たとえば営業担当者や小口現金の精算をする担当者といった立場の人が、それぞれインボイスなのかそうでないのかという分別をし、その後に経理担当者が確認をするという体制をとることで、経理事務の負担を分散することができます。

● **従来のやり方では経理業務がパンクする恐れも**

第5章 まとめ

- ☑ インボイス事業者になるには、申請書の提出からはじめる。

- ☑ インボイスには、新たにインボイス登録番号、適用税率、税率ごとに区分した消費税額が必要。

- ☑ インボイスは複数書類でも認められる。

- ☑ 不特定多数の顧客をもつ事業者は簡易インボイスを発行できる。

- ☑ インボイス開始前に取引先に確認が必要。値下げや取引中止が違法になる恐れがあるため、対等に交渉する。

- ☑ インボイス制度で経理業務がパンクしないために、社内の協力は必須。

第6章

インボイスについて知っておくべきこと

こちらではインボイス制度のより細かいルールや、インボイスが必要とされない状況などについて解説します。

6-01

インボイス発行に必要な「インボイス番号」

登録番号については少し触れたけど、インボイス番号のことね。この番号のこと、もう少し詳しく説明するよ。

インボイス事業者の届け出をすると交付される番号ですよね。これは誰でも交付されるのですか？

課税事業者であることや、消費税の違反がないことなど、いくつかクリアしなきゃもらえないのよ。

届け出をしたら自動的に交付されるというわけではないんですね。

インボイスには登録番号の記載が必要

前章でも少し紹介しましたが、インボイス事業者となるためには税務署への届け出が必要です。

税務署に届け出をして登録しますが、条件をクリアすると**インボイスの登録番号**が通知されます。

この登録番号はインボイスには必須で、請求書や領収書、納品書などインボイスの役割を担わせる書類のいずれかに、この登録番号を付記することになります。

この登録番号には次のような発番ルールがあります。

● **インボイスを発行するための登録番号**

法人	T+13桁の法人番号
個人事業主	T+13桁の番号（マイナンバーではない番号）

法人番号というのは、法人を設立すると付与される従来から存在する番号で、これまでも他の用途で活用されています。

ところが、**インボイスの登録番号は届け出をすれば誰にでも交付されるわけではありません**。

クリアしなければならないのは次のような事項です。

- **消費税の課税事業者であること**
- **消費税の違反があり罰金以上の刑に処せされた事業者につき、その執行を終わりまたは執行を受けることがなくなった日から2年以上経過していること**
- **納税管理人を定めるべき事業者がその届け出を行っていること**

また、現在すでに**課税事業者でも、申請なしに自動的に付与されるというものではありません**。

どんな事業者であっても、自ら申請して審査を受けたうえで、この登録番号を受け取ることになります。

なお、顧問税理士が代行して登録申請することもできるので、事業者側が未提出だと思っていてもすでに提出済みのケースがあります。

■ 免税事業者がインボイス登録をする場合

これらの条件で、もっとも多くの方に影響するのが「**消費税の課税事業者であること**」です。

免税事業者の場合、まずは消費税の課税事業者を選択し、そのうえでインボイスの登録申請を行うということになりますから、本来は二段階を経る必要があるということです。

ただし、2023 年 4 月時点で、免税事業者も次に掲載する申請書（5 章の 81 ページで紹介した「**適格請求書発行事業者の登録申請書**」）、その 1 枚の用紙で課税事業者を選択する届け出も同時にできるようになっています。

1 枚の用紙で課税事業者選択とインボイス登録を済ませられるのは、イ

● 適格請求書発行事業者の登録申請書 国内事業者用 表面

第１－(1)号様式

国内事業者用

適格請求書発行事業者の登録申請書

【１／２】

収受印

令和　年　月　日

＿＿＿＿ 税務署長殿

申請者

（フリガナ）

住所又は居所（法人の場合）本店又は主たる事務所の所在地
（〒000-0000）
◎（法人の場合のみ公表されます）
（電話番号 00 －0000－0000）

（フリガナ）

納税地
（〒000-0000）
（電話番号 00 －0000－0000）

（フリガナ）

氏名又は名称
◎

（フリガナ）

（法人の場合）代表者氏名

法人番号 0 0 0 0 0 0 0 0 0 0 0 0 0

この申請書に記載した次の事項（◎印欄）は、適格請求書発行事業者登録簿に登載されるとともに、国税庁ホームページで公表されます。
1　申請者の氏名又は名称
2　法人（人格のない社団等を除く。）にあっては、本店又は主たる事務所の所在地
なお、上記１及び２のほか、登録番号及び登録年月日が公表されます。
また、常用漢字等を使用して公表しますので、申請書に記載した文字と公表される文字とが異なる場合があります。

…とおり、適格請求書発行事業者としての登録を受けたいので、所得税法等の一…
…年法律第15号）第５条の規定による改正後の消費税法第57条の２第２項の規定に…
…する法律（平成28年法律第15号）附則第…
…和５年９月30日以前に提出するものです。

令和５年３月31日（特定期間の判定により課税事業者となる場合は令和５年６月30日）までにこの申請書を提出した場合は、原則として令和５年10月１日に登録されます。

事業者区分	この申請書を提出する時点において、該当する事業者の区分に応じ、□にレ印を付してください。 □ 課税事業者　　□ 免税事業者 ※　次葉「登録要件の確認」欄を記載してください。また、免税事業者に該当する場合には、次葉「免税事業者の確認」欄も記載してください（詳しくは記載要領等をご確認ください。）。
令和５年３月31日（特定期間の判定により課税事業者となる場合は令和５年６月30日）までにこの申請書を提出することができなかったことにつき困難な事情がある場合は、その困難な事情	
税理士署名	（電話番号　－　－　）

課税事業者の場合はチェックします

提出時点で免税事業者の場合はチェックします

※税務署処理欄					
整理番号		部門番号		申請年月日　年　月　日	通信日付印　年　月　日　確認
入力処理　年　月　日		番号確認		身元確認 □ 済 □ 未済	確認書類 個人番号カード／通知カード・運転免許証 その他（　）
登録番号 T					

注意　1　記載要領等に留意の上、記載してください。
2　税務署処理欄は、記載しないでください。
3　この申請書を提出するときは、「適格請求書発行事業者の登録申請書（次葉）」を併せて提出してください。

インボイス制度

この申請書は、令和三年十月一日から令和五年九月三十日までの間に提出す…使用します。

https://www.nta.go.jp/taxes/tetsuzuki/shinsei/annai/shohi/annai/pdf/0022003-083.pdf

● 適格請求書発行事業者の登録申請書（次葉） 国内事業者用 裏面

第１－(1)号様式次葉

国内事業者用

適格請求書発行事業者の登録申請書（次葉）

インボイスをきっかけに、適格請求書発行事業者の登録をする場合

氏名又は名称	

免税事業者の確認

該当する事業者の区分に応じ、□にレ印を付し記載してください。

A

□ 令和５年10月１日から令和11年９月30日までの日の属する課税期間中に登録を受け、所得税法等の一部を改正する法律（平成28年法律第15号）附則第44条第４項の規定の適用を受けようとする事業者

※ 登録開始日から納税義務の免除の規定の適用を受けないこととなります。

個人番号					
事業内容等	生年月日（個人）又は設立年月日（法人）	○明治 ○大正 ○昭和 ○平成 ○令和　年　月　日	法人のみ記載	事業年度	自　月　日 至　月　日
				資本金	円
	事業内容		登録希望日		（令和５年10月１日を希望する場合、記載不要） 令和　年　月　日

B

□ 消費税課税事業者（選択）届出書を提出し、納税義務の免除の規定の適用を受けないこととなる課税期間の初日から登録を受けようとする事業者	課税期間の初日 ※ 令和５年10月１日から令和６年３月31日までの間のいずれかの日 令和　年　月　日

登録要件の確認

課税事業者です。 ※ この申請書を提出する時点において、免税事業者であっても、「免税事業者の確認」欄のいずれかの事業者に該当する場合は、「はい」を選択してください。	□ はい □ いいえ
納税管理人を定める必要のない事業者です。 （「いいえ」の場合は、次の質問にも答えてください。）	□ はい □ いいえ
納税管理人を定めなければならない場合（国税通則法第117条第１項） 【個人事業者】 国内に住所及び居所（事務所及び事業所を除く。）を有せず、又は有しないこととなる場合 【法人】 国内に本店又は主たる事務所を有しない法人で、国内にその事務所及び事業所を有せず、又は有しないこととなる場合	
納税管理人の届出をしています。 「はい」の場合は、消費税納税管理人届出書の提出日を記載してください。 消費税納税管理人届出書 （提出日：令和　年　月　日）	□ はい □ いいえ
消費税法に違反して罰金以上の刑に処せられたことはありません。 （「いいえ」の場合は、次の質問にも答えてください。）	□ はい □ いいえ
その執行を終わり、又は執行を受けることがなくなった日から２年を経過しています。	□ はい □ いいえ

参考事項

申請書は、令和三年十月一日から令和五年九月三十日までの間に提出する場合に使用します。

課税事業者判定で課税事業者になる、または課税事業者を選択する場合で、その課税期間の初日が2023年（令和5年）10月1日～2024年（令和6年）3月31日の間の場合

https://www.nta.go.jp/taxes/tetsuzuki/shinsei/annai/shohi/annai/pdf/0022003-083.pdf

ンボイス制度を機に課税事業者を選択する免税事業者のみです。2023年（令和5年）9月30日までは、この申請書を使用します。

少しだけ書き方が複雑なので、迷いそうな部分をピックアップして解説します。特に裏面の上部が迷いそうな部分で、免税事業者が記入する欄です。

AとBの部分は、どちらか一方のみに記入します。

- **Aの部分に書く場合：インボイスをきっかけに課税事業者になる人**
- **Bの部分に書く場合：インボイスとは直接関係なく課税事業者になる人**

Bの「インボイスとは直接関係なく課税事業者になる人」とは、たとえば課税事業者判定の結果、課税事業者になるタイミングが偶然2023年（令和5年）10月頃に重なったケース、あるいは同じく2023年（令和5年）10月近辺に自ら課税事業者を選択するケースです。

‖ 課税事業者がインボイス登録をする場合

インボイスの登録申請時にすでに課税事業者である場合は、「免税事業者の確認」欄（A、B部分）の記入は不要ですが、100ページに掲載した表面の「**事業者区分**」欄で、届け出時点で課税事業者であるか免税事業者であるかをチェックしておきます。

この項目のチェック漏れが多発しているので注意が必要です。

●「事業者区分」欄

<table>
<tr><td rowspan="2">事　業　者　区　分</td><td>この申請書を提出する時点において、該当する事業者の区分に応じ、□にレ印を付してください。</td></tr>
<tr><td>☑ 課税事業者　　□ 免税事業者
※ 次葉「登録要件の確認」欄を記載してください。また、免税事業者に該当する場合には、次葉「免税事業者の確認」欄も記載してください（詳しくは記載要領等をご確認ください。）。</td></tr>
</table>

届け出はいつまで？　いつからインボイスを発行できる？

2023 年（令和 5 年）10 月 1 日のインボイス制度スタートと同時にインボイス登録事業者になりたい場合には、原則として 2023 年（令和 5 年）3 月 31 日までにこの届出を税務署あるいはインボイス登録センターに提出することが推奨されていました。

ただし、2023（令和 5 年）4 月 1 日から 9 月 30 日までの間に届け出をする場合でも、特に事情を問わずに容認されることになりました。

申請をするとどれくらいで結果がわかるんですか？なんだかドキドキですよね……。

令和5年4月に国税庁が発表した平均の処理期間だと、e-Taxで申請すれば1.5ヶ月、紙の申請だと3ヶ月が平均といわれてるの。余裕をもって申請しないと、準備に支障が出ると思うわよ。

そんなに！ 9月30日までOKにはなったけど、6月くらいには出しておかないと、10月１日からのスタート時にバタバタしちゃいそうですね。

免税事業者がインボイス施行後（2023年10月2日以後）にインボイス登録をする場合

インボイスの登録申請時点では免税事業者で、インボイス施行（2023 年 10 月 2 日）以降の登録を考えている場合には、申請書で次ページの図のように記入する必要があるので注意が必要です。

「免税事業者の確認」欄の「登録希望日」に、インボイス登録を希望する日を記入します。

● 「免税事業者の確認」欄（個人事業者の場合）

<table>
<tr><td rowspan="9">免税事業者の確認</td><td colspan="6">該当する事業者の区分に応じ、□にレ印を付し記載してください。</td></tr>
<tr><td colspan="6">☑ 令和５年10月１日から令和11年９月30日までの日の属する課税期間中に登録を受け、所得税法等の一部を改正する法律（平成28年法律第15号）附則第44条第４項の規定の適用を受けようとする事業者
※ 登録開始日から納税義務の免除の規定の適用を受けないこととなります。</td></tr>
<tr><td colspan="2">個人番号</td><td colspan="2">0 0 0 0 | 0 0 0 0 | 0 0 0 0</td><td colspan="2"></td></tr>
<tr><td rowspan="4">事業内容等</td><td rowspan="3">生年月日（個人）又は設立年月日（法人）</td><td rowspan="3">○明治 ○大正 ☑昭和 ○平成 ○令和
00年 00月 00日</td><td rowspan="3">法人のみ記載</td><td rowspan="2">事業年度</td><td>自 月 日</td></tr>
<tr><td>至 月 日</td></tr>
<tr><td>資本金</td><td>円</td></tr>
<tr><td>事業内容</td><td>○○業</td><td>登録希望日</td><td colspan="2">（令和５年10月１日を希望する場合、記載不要）
令和 5年12月 1日</td></tr>
<tr><td colspan="4" rowspan="2">□ 消費税課税事業者（選択）届出書を提出し、納税義務の免除の規定の適用を受けないこととなる課税期間の初日から登録を受けようとする事業者</td><td colspan="2">課税期間の初日</td></tr>
<tr><td colspan="2">※ 令和５年10月１日から令和６年３月31日までの間のいずれかの日
令和 年 月 日</td></tr>
</table>

出典：国税庁　登録申請書の書き方フローチャート
https://www.nta.go.jp/taxes/tetsuzuki/shinsei/annai/shohi/annai/pdf/0022012-012.pdf

なお2024年（令和６年）４月１日以降を登録希望日にする場合には、インボイス制度開始（2023年10月１日）以降に登録申請をすることが推奨されています。

6-02 小額特例を含むインボイスが不要なケース

インボイス事業者は取引相手に求められたらインボイスを発行する義務があるんですよね。

そうね。ただ、中にはインボイス発行が免除されている取引もあるよ。

公共交通機関や自動販売機、あと委託販売などではインボイス不要なんですよね。

そうだね。その他にも特定の条件に当てはまる事業者は1万円以下の取引でインボイス受領が不要になる特例も発表されているよ。

お金を受け取る側でインボイス交付が不要なケース

インボイス事業者には，取引相手からの求めに応じてインボイスを発行する義務が課せられています。

しかし、中にはインボイスの発行が困難として、**インボイス発行が免除されている取引**があります。この場合、支払側は帳簿の記載のみでよいとされています。

ここではそういった「**お金を受け取る側でインボイスの交付が不要な取引**」について紹介します。帳簿の記載については後ほど触れますので、そちらもチェックしてください。

■ 3万円未満の取引

公共交通機関の旅客運送料や、**自動販売機や自動サービス機**による商品の販売は、その金額が3万円未満であればインボイスの発行が免除されています。

豆知識

自動販売機及び自動サービス機とは？

その機械にお金を入れるだけで、資産の譲渡等が完結するものをいいます（インボイス通達3－11）。たとえば、自動販売機によるジュースやお菓子、出汁やカップラーメンなどの飲食料品の販売、コインロッカーやコインランドリー、銀行等のATMが該当することとなります。ただし、コンビニ等のセルフレジを通じた販売のように、機械で単に精算が行われているだけ、コインパーキングや自動券売機のように代金の受領と券類の発行が行われているだけ、また、ネットバンキングのように機械で行われているわけではないような取引は、自動販売機や自動サービス機による商品の販売等には含まれません。

自動販売機・
自動サービス機

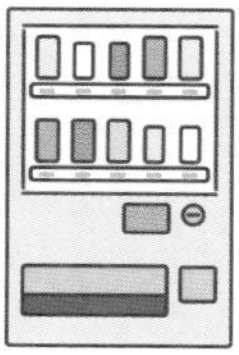

自動販売機

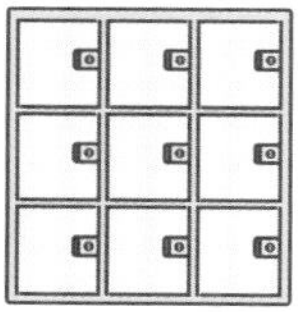

コインロッカー

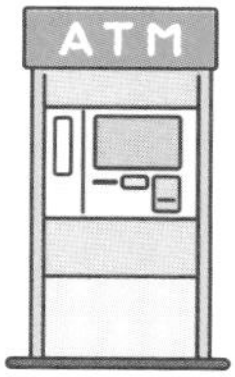

ATM

精算の役割のみの
場合は対象外

セルフレジ

コインパーキング

■ 委託している取引

出荷者等が卸売市場において行う生鮮食料品等の販売（出荷者から委託

を受けた受託者が卸売の業務として行うものに限る）や、生産者が農業協同組合、漁業協同組合、または森林組合等に委託して行う農林水産物の販売（無条件委託方式かつ共同計算方式により生産者を特定せずに行うものに限る）はインボイスの発行が免除されています。

つまり、「**委託を受けた受託者側が取引価額を決めるから、出荷者や生産者はインボイスを発行しようがない**」ということですね。

■ 郵便サービス

郵便サービスはインボイス発行が免除されています。ポストに投函された郵便にその場でインボイスを出すのは困難であるということでしょう。

豆知識

郵便切手がサービスを提供できるのは

郵便切手は、郵便局で購入した時点では何の効力もありません。ただの小さな可愛らしい絵柄付きの紙切れです。郵便切手がサービスを提供できるのは、郵便物に貼付されポストに投函されたときと考えられます。つまり、郵便局で切手を購入したときに課税仕入が発生するわけではなく、郵便物をポストに投函した時点で課税仕入が発生するためインボイスは免除される、という考え方です。
郵便物を入れると自動でレシートが出てくるように全国のポストを取り替えることになるのは、現実的ではないですものね…。

お金を支払う側でインボイスの受領が不要なケース

逆に、代金を支払う課税事業者で、仕入税額控除を行うとしてもインボイスの受領が不要なケースがあります。

なおここにあげる取引では、インボイスの受領は不要ですが、帳簿への記載は必須となります。

■ 3万円未満の取引

交付が免除されている取引のところで触れた通り、**公共交通機関特例の対象**となっている交通機関は３万円未満であればインボイス発行が免除されます。

同様に、自動販売機及び自動サービス機で商品を買った場合についても

3万円未満であればインボイス発行が免除されます。

豆知識

公共交通機関特例の対象とは？

公共交通機関特例の対象となっている、具体的な交通機関は次のとおりです。

❶船		一般旅客定期航路事業（海上運送法2⑤）、人の運送をする貨物定期航路事業（同法19の6の2）、人の運送をする不定期航路事業（同法20②）（乗合旅客の運送をするものに限る）として行う旅客の運送（対外航路のものを除く）
❷バス		一般乗合旅客自動車運送事業（道路運送法3一イ）として行う旅客の運送（注）路線不定期運行（空港アクセスバス等）及び区域運行（旅客の予約等による乗合運行）も対象
❸鉄道	鉄道	第一種鉄道事業（鉄道事業法2②）、第二種鉄道事業（同法2③）として行う旅客の運送
	軌道（モノレール等）	軌道法第3条に規定する運輸事業として行う旅客の運送

■1万円未満の支払いならインボイス受領が不要（小額特例）

中小事業者のうち、基準期間（2年前）の課税売上高が1億円以下、あるいは1年前の上半期（個人事業主の場合は前年の1月～6月）※の課税売上高が5,000万円以下の事業者には、特別の扱いがあります。

それは、2023年（令和5年）10月1日から6年間、「**1万円未満の支払についてはインボイスの保存がなくても、帳簿の記載のみで仕入税額控除ができる**」というものです。

ちなみに、ここでいう1万円未満というのは、一回の取引単位で考えることになっています。

前述した、公共交通機関の運賃の3万円未満についても同様の判断をします。

財務省によれば、この経過措置によって全815万事業者のうち、90%あまりのおよそ740万事業者がこの特例の対象になりうるそうです。

実際、1万円未満の取引がインボイス不要なのであれば、事務処理は大幅に軽減されることが予想されます。

この特例は、対象となる中小事業者（買い手側）の課税仕入についてインボイスの保存を不要とするもので、売り手のインボイス事業者のインボイス交付義務は免除されていません。

また、6年間の期間限定なので、事業年度の途中であったとしても令和11年10月1日以降の課税仕入は1万円未満でもインボイスの保存が必要になる見込みです。

※課税事業者判定の場合とは異なり、課税売上高の代わりに給与支払額の合計額判定はできませんので注意が必要です。

参考：https://www.mof.go.jp/tax_policy/summary/consumption/invoice/materials.html#a02

インボイス不要でも必要な「帳簿の記載」とは？

インボイスの保存が不要な取引でも「**帳簿の記載**」は必要です。

では帳簿の記載とはどのようなものでしょうか。

もし記帳業務に会計ソフトを利用していれば、取引を入力することで伝票が起票され、各種の帳票の作成も自動的にされます。

手書きの場合には「伝票」「帳簿」に必要事項を記載することです。いずれにしても、インボイスが始まるから帳簿をつけるという話ではなく、これまで行っていたのと同様に記帳が必要だということです。

ただ1つだけ注意が必要です。それは「**経過措置**」を適用する場合です。

免税事業者に対する支払いの場合、2023年（令和5年）10月1日から6年間、一定割合の仕入税額控除ができるという経過措置を適用することができます。

その経過措置の適用の条件として、その旨を帳簿に記載する必要があります。

この経過措置の詳細は第8章で解説します。

column

インボイスが不要な出張旅費の「通常必要であると認められる部分」とは？

社員への出張旅費、宿泊費用、日当などのうち「通常必要であると認められる部分」の金額は、課税仕入として計上可能ですし、インボイスは不要です。これらは、一定の事項を記載した帳簿の保存をすることで仕入税額控除が認められます。

では「通常必要であると認められる部分」とは具体的にどんなレベルなのか？というと、次のような２つの考え方が根本にあります。

❶ その金額が、支払う対象者全員の役職等を加味した上で、適正なバランスが保たれている基準で計算されている（社長は○○円、部長は△△円、役職無し社員は□□円、のような社内の旅費規程に基づいている）

❷ その金額が、世間一般にみる、同業種や、同規模の水準に照らして相当と認められるものである

ちなみに、世間一般の水準をどのように把握するか？というのも指定されているわけではないので、たとえば、公共性の高い団体が集計した統計資料など、参考にしたものを旅費規程と併せて保存することで、現実的で否認される余地のない説得力のある支給額になります。

column

ネット通販での買い物のインボイス

たとえば事務所消耗品などをネット通販で購入することも珍しくないでしょう。Amazonで購入した際のインボイスはどのようになるのか、気になるところです。

Amazonで売られている物品には、Amazonが直接販売しているケースと、事業者が出品者として販売しているケースがあります。どちらのケースでも、注文履歴から「インボイス」を取得できるようです。ただしこれには注意が必要です。

アマゾンジャパン合同会社のインボイス番号はすでに公表されています。一方で、事業者が出品者として販売している場合、その事業者がインボイス事業者ではない場合には、インボイスを取得することはできません。購入前に区別できるのか否かはまだ不明ですが、どちらもあり得るということは認識しておくほうがよさそうですね。

column こんなときはどうする？ インボイス制度開始後の日常

社員の交通費精算はインボイスに影響ある？

公共交通機関の利用で、社員が３万円未満の交通費精算を行うようなケースです。金額が３万円未満ならインボイスの受領は不要で、帳簿のみに記載することになります。会社のルールに従って精算し、立て替えた分の金額を会社から受け取ることになります。

ちなみに３万円以上の交通費だった場合には、会社宛のインボイスが必要です。ところが、このケースの場合、社員がお金を立て替えているため、会社宛のインボイスを受け取っていないこともあります。その場合、社員が会社宛の「立替金精算書」を作成して、社員宛に受け取ったインボイスと共に会社に提出します。会社は受領した立替金精算書とこの精算に伴うインボイスを保存することになります。

第6章 まとめ

- ☑ インボイス番号は「T」＋「13桁の数字」の文字列。
- ☑ 免税事業者がインボイス事業者になるためには、課税事業者の選択＋インボイス登録が必要。
- ☑ 3万円以下の自動販売機や公共交通機関の旅客料など、インボイスが不要なケースもある。
- ☑ 条件に該当する事業者の１万円未満の支払いでインボイス受領が一律不要に（小額特例）。

第7章

インボイス制度施行前の課税事業者の準備

課税事業者はインボイス制度の施行前に、どのような準備が必要なのでしょうか。課税事業者が置かれている状況と、施行後に起こるであろう事態をふまえて、準備について解説します。

7-01

課税事業者は取引先からインボイスが欲しい

インボイス施行前は、誰に支払った金額であっても課税取引であれば消費税の控除ができたんだよ。

でも、インボイス施行以降はインボイスを受け取っていないと控除できないんですよね。

しばらくは経過措置でダメージ少なめだけど、ゆくゆくは課税事業者はインボイスが欲しくてたまらない状況になる、といってもいいよね。

控除できない分は納税する消費税が増えて、資金繰りにも影響しますからね……。

‖ 仕入税額控除するためにインボイスが必要

従来は、取引（支払い）相手が課税事業者か免税事業者かにかかわらず、課税取引であれば消費税の仕入税額控除が可能でした。

ところがインボイス施行後は、支払いの際にインボイス（適格請求書）を受領して、それを保存して、帳簿に記載しておかなければ仕入税額控除ができなくなります。

税額控除できない部分は納税する必要が生じます。つまり、インボイスがないと消費税の納税額が増えるのです。

仕入税額控除のためには、インボイスが必要だ、ということになります。

適格請求書（インボイス）を受領したケース

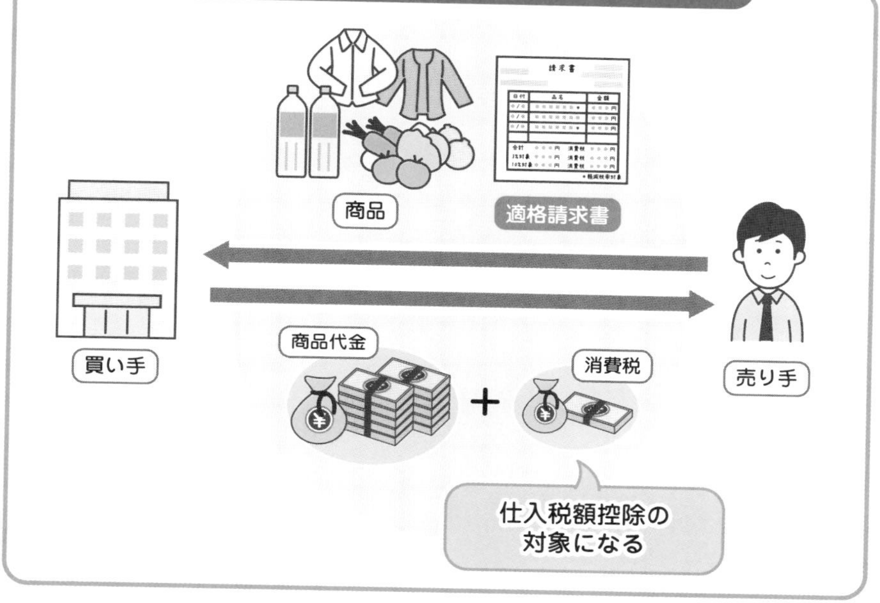

適格請求書（インボイス）を受領していないケース

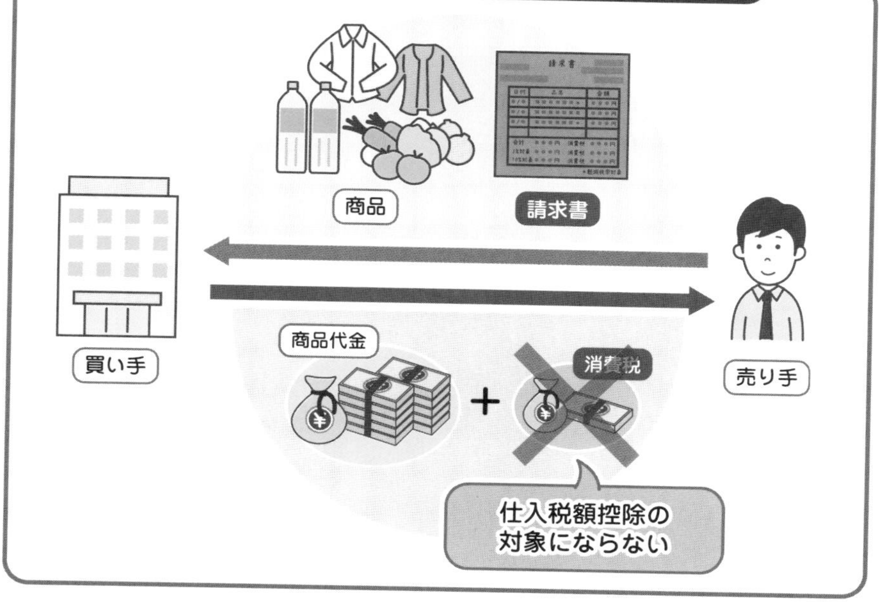

7-02

インボイス施行後の課税事業者の負担

インボイス制度施行後は原則免税事業者に支払った消費税は仕入税額控除できなくなるよ。

控除できないと、その分消費税を多く納めないといけないので、負担が増えますね。

ただし、インボイス制度施行後6年間は経過措置があって、部分的に控除できるのと、2割特例や簡易課税ならそもそもインボイスなしで税額控除できるわね。

ということは、2割特例や簡易課税を選ぶことができない事業者だけが経過措置を受けるための事務処理が必要ってことなんですね…。

インボイス対応に踏み切った免税事業者に対する支援策

インボイス制度がなかったら、わざわざ課税事業者を選択する必要性もなかったであろう免税事業者に対しての**支援策**が用意されています。

取引先との良好な関係を継続するために、インボイス対応を余儀なくされていることに考慮したものです。

■ 納税額が売上税額の2割に軽減される経過措置

2023年（令和5年）10月1日から2026年（令和8年）9月30日を含む課税期間（個人事業者は2023年から2026年の申告まで）の間、消費税の納税額の計算に「特別な方法」を用いることができます。

この特別な方法とは、**売上にかかる消費税の2割相当分を納税額とする**計算方法（いわゆる「**2割特例**」）です（課税売上の売上税額から8割を税額控除できる）。

通常、消費税を申告するためには、売上にかかる消費税と仕入れや外注費、経費にかかる消費税を計算し、必要書類を保存することが必要です。

しかし、この経過措置で簡単に申告書が作成できるうえ、納税額の把握も容易になります。

● 納税額が売上税額の2割に軽減される経過措置

- **インボイス制度を機に免税事業者からインボイス事業者になった場合にのみ対象**
- **事前の届け出は不要だが、消費税の確定申告書に2割特例の適用を受ける旨を付記**
- **消費税の申告の都度、2割特例の適用対象となるかを確認、選択が必要**
- **経過措置の期間中であっても、基準期間の課税売上高が1,000万円を超える場合には対象外**
- **簡易課税を選択している場合にも、簡易課税の取り下げをすることなく適用が可能**

‖ 2割特例の落とし穴

この2割特例は2026年9月30日をまたぐ課税期間までの期間限定ですが、期間内でも注意が必要です。

たとえば2022年1月～12月の事業年度の課税売上が1,000万円を超えていた場合、2023年10月1日～12月31日は2割特例を適用できますが、2024年1月～12月の事業年度では適用できません。基準期間の課税売上高が1,000万円を超えているからです。

この場合は、2024年1月～12月の事業年度で簡易課税を選択するか否かの検討が必要です。

その時点で簡易課税を選択するなら、2023年12月31日までに消費税簡易課税制度選択届出書（第3章3-04で紹介）を提出する必要があります。

課税事業者判定による場合ですので、**届出書の提出期限の特例**（第3章3-04で紹介）は対象外です。

売上にかかる消費税の2割相当、ということは、実際どれくらい消費税を納付することになりそうですか？

たとえば、年間880万円の売上があるとすれば、含まれる消費税は80万円と考えられるよね。その2割だから16万円を納付することになるよ。

年間16万円ということは、月々1万3,000円くらいですね。まぁ、仕方ないのかな……。

免税事業者のまま継続する場合だと、消費税分まるまる売上の減少になることも考えられる。そうすると80万円減収。一方この場合だと、収入は変わらず、消費税の納税負担が16万円。要するにこの期間は64万円分メリットがあると考えることができるよね。

税額控除できないために税負担が増加

免税事業者からは、インボイスを受け取ることができないため、原則として仕入税額控除はできません。

そのような事情があり、課税事業者は免税事業者に支払いをする際に、これまで請求されれば支払っていた消費税を払いたくないというのが本音です。第5章の5-04でも説明しましたが、仮に今まで通りの金額を支払ったとすると、その分は仕入税額控除ではなく免税事業者への対価を値上げしたことになり、支払額はそのまま、納税額が増えることになります。

負担増加にならないケース

ただし、**簡易課税制度を選択している場合や、2割特例を選択することができる場合には、当面の間さほどの影響はありません**。

簡易課税制度なら、前述したように受け取った消費税にみなし仕入率を乗じることで納税額を計算します。

また、2割特例を選択できれば、受け取った消費税の2割を納税額として計算します。これらの計算には支払った消費税額は加味しないため、インボイスの有無を問われないためです。

経過措置を受けるための事務負担

インボイス制度施行後6年間は仕入れ税額相当額の一定割合を控除できる「**経過措置**」が設けられています。一定割合とは、2023年10月1日～は80%、2026年10月1日～は50%です。簡易課税も2割特例も選択できない課税事業者の立場としては「インボイスは受領できないけれど、せめて経過措置の適用要件を満たしたい」ということになります。そのためには、免税事業者に区分記載請求書と同等の内容の書類を発行してもらう必要があります。

ちなみに、売り手側（免税事業者）に、買い手側（課税事業者）の仕入税額控除要件を満たす義務はないので、区分記載請求書と同等のものを発行してもらうように要請をする、というスタンスになります。

区分記載請求書の保存と合わせて、その取引を記帳した伝票に、80%あるいは50%控除の「経過措置を適用している」という内容の記載が必要です。インボイスが受領できない代わりに経過措置が準備されているわけですが、事務処理のバリエーションが増えるのは、やはり負担だといわざるを得ないでしょう。

7-03

課税事業者が免税事業者との取引で準備できること

インボイス制度施行に備えて、課税事業者ができる準備にはどんなことがあるんですか？

まず、事前に取引先がインボイスを発行できるかどうかをヒアリングすることかな。

きちんと把握するためには直接確認する必要がありますね。

アンケートを取ったり、直接ヒアリングしたり、自ら国税庁のサイトで検索したりする方法があるよ。

課税事業者と免税事業者の区別

消費税を正しく計算するためには、**支払い相手の区分**をする必要があります。

インボイス登録事業者なのか免税事業者なのか、あるいは課税事業者でもインボイス登録をしているかなどです。

● 支払い相手の区分

- 課税事業者でインボイス登録事業者
- 課税事業者でインボイス非登録事業者
- 免税事業者

これには**事前のヒアリング**、あるいは**登録事業者公表サイトのチェック**が必要です。

ヒアリングする場合には取引相手に対し、インボイス登録の状況、あるいは免税事業者を継続する意向を聞き取り調査します。

制度が始まってからの混乱を避けるため、事前に準備したほうがいいでしょう。すでに準備を進めている事業者もいるようです。

ヒアリングの方法に決まりはありませんが、事例をいくつかご紹介します。

● 取引先のインボイス対応について調査する方法の例

❶ 書面でアンケートをとる
❷ ウェブサイトから情報を送信してもらう（専用サイトを設けるなど）
❸ 交流の都度、個別に直接ヒアリングする
❹ ❶〜❸が難しければ、国税庁のWebサイトで取引先ごとの検索をする

❶のように書面でアンケートをとる場合、次ページのような書面が雛形として紹介されています。

● 参考 取引先への登録番号の通知とご依頼に関する文書例

20　　年　　月　　日

○○○○○○御中

会社名
部署

適格請求書発行事業者登録番号のご通知とご依頼について

拝啓　貴社ますますご清栄のこととお慶び申し上げます。平素より格別のご高配を賜り、厚く御礼申し上げます。

さて、2023年10月1日から、複数税率に対応した消費税の仕入税額控除の方法として、適格請求書等保存方式(いわゆるインボイス制度)の導入が予定され、税務署長に申請して登録を受けた課税事業者である「適格請求書発行事業者」が交付する「適格請求書」等の保存が仕入税額控除の要件となります。

そこで、弊社の適格請求書発行事業者登録番号をご通知するとともに、貴社の登録番号等について、弊社までご連絡をお願い申し上げます。

何卒ご主旨をご理解賜り、宜しくお願い申し上げます。

当方のインボイス番号（適格請求書発行事業者登録番号）を通知

敬具

記

1.　弊社登録番号
T000000 000000

2.　課税事業者のご確認及び登録番号に関するご依頼

相手のインボイス番号を要求

課税事業者の場合、貴社の適格請求書発行事業者登録番号を以下の問い合わせ先まで、ご連絡願います。
また、課税事業者以外（免税事業者等）の場合は、その旨、ご連絡をお願い致します。
もし、適格請求書発行事業者登録番号の取得が未だの場合は、2023年3月31日までに取得願い、2023年5月31日までにご連絡をお願い致します。

この一文は状況に応じ変更が必要

相手が免税事業者であるかの確認

3.　問い合わせ先
部署　氏名
住所
電話番号
メールアドレス

以上

出典：一般社団法人日本加工食品卸協会「インボイス制度対応ー企業間取引の手引き」91ページより
http://nsk.c.ooco.jp/pdf/20220325_1.pdf

もしかしたら、そろそろ取引先からなにか問い合わせとか来てる？

はい。実は数社からインボイスの番号を教えてほしいっていう手紙とかメールが届いているんですよね。番号がない場合にも、その旨をお答えすることになっていました。まだ迷ってるんですよね。

番号はありません、と答えたらどうなるか、不安だよね。取引先からの返答はいくつかのパターンがあると思うよ。

① これまで通りの金額で取引を継続。区分記載請求書の様式で請求書を出してください。
② これまで通りの取引を継続したいが、金額については改めて設定しなおす相談をしたい。
③ 取引の継続は約束できません。

③だったらかなりショックです……。

インボイス制度開始後の免税事業者との取引は、取引先にとっても納税額が増えてしまうマイナスの事態だから、残念ながら覚悟しておく必要はあるのよね。だけど、あくまでも公正な取引を前提としているから、こちらの意思を無視した交渉にはならないはずだよ。

column

自社で仕入明細書を発行してインボイスとする場合の注意点

買い手側が発行する仕入明細書は、仕入税額控除の適用を受けるための請求書等に該当するため、インボイスとして扱うことができます。ただし、相手方の確認を受けたものだけが有効です。この「相手方の確認」は具体的にどのような方法が有効なのでしょうか。

国税庁のＱ＆Ａにはいくつかの方法が提示されています。売り手側の事務負担がもっとも少なく済むであろう、筆者がお勧めする方法は、仕入明細書のフォーマットにもれなく次のような文言を追記することです。

> この明細書の発行日から10日以内に、内容に誤りのある旨の連絡が無い場合には、ご確認いただいたものといたします。
> 連絡先：…@….co.jp　担当：○○

ちなみに、インボイス制度開始前からこのようなやりとりで仕入税額控除の要件を満たしていた場合は、それまでの記載内容に加えてインボイス制度に対応するために、次の事項の記載が必要です。

- **相手方のインボイス登録番号**
- **税率ごとに区分した消費税額の記載**

これらを加えたフォーマットの見直しが必要です。

column

こんなときはどうする？　インボイス制度開始後の日常

返還請求書を要求された？

売上の返品や値引き、割り戻しの税込金額が１万円未満であれば、返還請求書を発行する必要はありません。この「１万円未満」という金額の単位は、返還した金額の対象となる請求や債権の単位ごとの減額金額により判定します。

たとえば、100万円の請求に対して相手が振込手数料770円を減額した99万9,230円を振り込んできた場合は770円を返還したと考えますが、１万円未満であるため返還請求書を交付する義務は生じません。

一方、標準税率の売上８万8,000円と軽減税率の売上５万4,000円を合算した14万2,000円のインボイスを発行したとします。税率ごとに１割のリベートを支払う約束になっていたとすると、標準税率の売上の１割である8,800円と軽減税率の売上の１割である5,400円を返還することになります。税率ごとに考えれば各１万円未満になるため、返還請求書は不要なのではないかと迷うかもしれません。

しかし、発行したインボイスは合算した金額であるため、返還請求書の判定も返還金額で行います。つまり１万4,200円で判定することになり、返還請求書が必要ということになるわけです。

column

こんなときはどうする？　インボイス制度開始後の日常

電子インボイスについて

受け取った請求書が紙でないと不安に感じるかもしれませんが、メールに添付されてきた電子インボイスファイルが原本になるため、そのファイルのみで有効です。また、メールの本文にインボイスの内容が含まれていた場合でも、メールの本文を保存することで有効になります。なお、書面で発行した請求書の内訳を別途、各種電子データで送信するなど、書面と電子を併用することも可能です。

電子インボイスやその他の電子データは、次のような電子帳簿保存の規定に則った方法で保存します。

❶ 次のいずれかの措置を施す
- タイムスタンプを付す
- 必要項目を満たした事務処理規定の備え付けを行う

❷ 電子データを保存するシステムの概要書の備え付けをする
❸ 電子データの保存場所に、パソコンやソフト、ディスプレイやプリンタ、操作説明書などを備え付けて、素早く表示できる状態にしておく
❹ 電子データをあとから検索できる状態にしておく
（基準期間の売上高5,000万円以下の事業者の場合は不要）

第7章 まとめ

☑ 課税事業者が仕入税額控除するためにはインボイスが必要。

☑ インボイス事業者を選択した免税事業者は2割特例が使える。

☑ 2割特例や簡易課税が使えなくても、6年間の経過措置で80%、50%の税額控除が使える。

☑ インボイス開始前に、取引先が課税事業者か、免税事業者か、インボイス登録しているかなどの調査をしておく。

第8章

インボイス事業者になるための準備

インボイス事業者になるべきか否かは事業者ごとに異なります。インボイス事業者になるほうがいいと判断した場合は、本章を参考にインボイス事業者になるための準備をしましょう。

8-01

インボイス事業者になるべきかをチェックしよう！

免税事業者がインボイス事業者になると、今までにはなかった申告や納税の負担が生じてくるの。

できるなら、最小限の負担に抑えたいですよね。

取引をするお客様が誰なのか？ によって、インボイス事業者になるのか、ならないのか、よく考えたほうがいいよね。

インボイス事業者になる場合は準備が必要ですね。

フローチャートで確認

　インボイス事業者になるのか、ならないのか、方向性が間違っていないかどうかの確認も含めて、次ページのような**フローチャート**を使ってみるのも手です。

　インボイス事業者になるべきかどうかは、事業者ごとにそれぞれ事情が異なります。検討した結果、**インボイス発行事業者になったほうがいいと判断した場合は準備が必要**です。

● インボイス事業者になるかどうかのフローチャート

現在、消費税の申告をしていますか?

- **No** → 現在 **免税事業者** である → 主な販売先は?
  - **事業者** → インボイス発行事業者になることを検討する必要があります
  - **一般消費者** → インボイス発行事業者にならなくても、影響は小さいと考えられます
- **Yes** → 現在 **課税事業者** である → インボイス番号は取得した?
  - **Yes** → さらに準備を進めましょう。簡易課税制度選択のシミュレーションもしてみましょう
  - **No**（顧問税理士にも確認） → インボイス番号の登録申請をすることから始めましょう。簡易課税制度選択のシミュレーションもしてみましょう

インボイス事業者を選択したら

- **2割特例を使うこと**
- **簡易課税選択のこと** など

年単位でスケジューリングしておきましょう。たとえば、2023年10月1日からの3年間は2割特例、その後は簡易課税を選択するか検討する! など

8-02

インボイス関連のスケジュールと、各時点の注意事項

インボイス施行のスケジュールを確認しておこう！

確かインボイス施行半年前までにインボイス登録が推奨されていたような……。

登録申請期限は緩和されたから、実質的な期限は撤廃されたということだね。

期限が緩和されても、申請から登録にはタイムラグがあるので、余裕を持って行動しないとですね。

‖ 令和５年税制改正大綱で登録申請期限が緩和

2023 年（令和 5 年）10 月 1 日のインボイス制度開始時点でインボイス登録事業者としてスタート地点に立つためには、2023 年（令和 5 年）3 月 31 日までのインボイス事業者登録が推奨されていました。

インボイス登録事業者として登録されるためには一定の審査があるため、半年の準備期間を想定していたためです。

当初はこの期日を過ぎてしまった場合には「やむを得ない事情がある場合以外は認められない」ということになっていましたが、2022 年 12 月に発表された令和 5 年税制改正大綱で、「**2023 年 4 月 1 日以降の登録申請でも事情を問うことはない**」という変更が入りました。

■ 申請してから登録されるまでの期間を考慮

　インボイス制度は、インボイス事業者が登録番号の申請をし、準備を整えるということと同時に、取引先の混乱を避けるため、事前に情報を共有したほうが良いという特徴があります。

　ですから、実質的な期限が撤廃されたとはいえ、申請してから登録されるまでの期間を考慮することも必要です。

　実際に、**国税庁は申請から登録までの期間の目安として、紙の申請で３ヶ月、電子の申請で1.5ヶ月**の時間を要することを発表しています（2023.4.28発表）。

　また、当初は３月を期限として準備を進めていた企業では、取引相手のインボイス事業者登録の確認を2023年（令和５年）５月頃からスタートする動きをとっています。

　そのため、問い合わせを受けているにもかかわらずなかなか方針を示さないでいると、取引先に誤解を与えてしまう可能性もゼロではありませんね。

ぎりぎりまで結論は先延ばししちゃおうかなと思ってるんですよね。周りの動向も観察したいですし。

それもありだよね。登録事業者番号の申請期限が事実上なくなったからね。

遅くなると損しちゃうことってありますか？

インボイスの発行については、相手があることだからね。自分のペースを守ることだけが正解ではないこともあると思うよ。うまく周りの動向を観察しながら動いたほうが良いと思う！

‖ インボイス開始前後をまたぐ取引の処理は？

決算月が9月ではない法人でも、個人事業主（個人事業主は事業年度が暦年単位）でも、インボイス制度は一斉にスタートします。

つまり、**2023年（令和5年）10月1日以降の取引から、仕入税額控除にはインボイスの受領と保存が必要になる**わけです。

しかし取引は継続して行われているわけですから、インボイス施行前の9月末から施行後の10月にかけて期間がまたぐような取引も想定されます。

たとえば20日締め（毎月20日で取引を区切る）で請求書を発行している場合、原則は2023（令和5年）9月21日から10月20日までの請求書は、9月21日から9月30日までの取引と10月1日から10月20日までの取引を区分して発行します。

例外として区分しない方法も認められていますが、売上税額を積上げ計算する場合、その計算が困難になるという問題点があります。

また、2023年（令和5年）10月2日以降にインボイス登録をする場合には、登録日前と登録日以後の取引は、必ず区分する必要があります。

例外として、継続取引で検針等で金額が確定するものについては、日数等を用いて合理的に区分すればよいことになっています。

● インボイス開始前と開始後をまたぐ請求書は区分して記載する

請求書　令和5年10月31日

（株）〇〇御中

△△株式会社
登録番号TXXXXXXXXXXXXX

令和5年9月分　(9/21〜9/30)

…

10%対象　●●円　（消費税●●円）
8%対象　●●円　（消費税●●円）

令和5年10月分　(10/1〜10/20)

…

10%対象　●●円　（消費税●●円）
8%対象　●●円　（消費税●●円）

豆知識

売上税額の積上げ計算とは？

売上税額の積上げ計算とは、発行したインボイスに記載した消費税額の合計額に100分の78を掛けて算出した金額を売上税額とする方法で、売上税額の計算方法の特例です。なお、売上税額を積上げ計算した場合、仕入税額も積上げ計算しなければなりません。

ちなみに、売上税額の原則は、割戻し計算です。こちらは税率ごとに区分した課税期間中の税込価額の合計額に、108分の100または110分の100を乗じて税率ごとの課税標準額を算出し、それぞれの税率（6.24%または7.8%）を掛けて売上税額を算出する方法です。

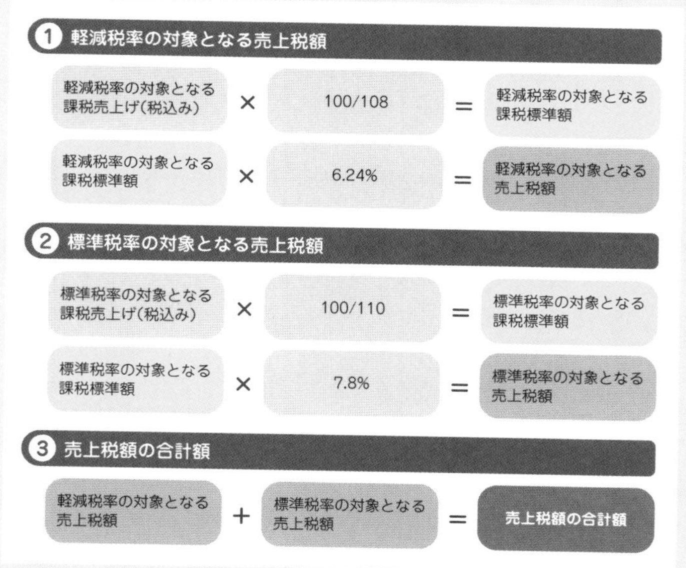

https://www.nta.go.jp/taxes/shiraberu/zeimokubetsu/shohi/keigenzeiritsu/pdf/qa/01-16.pdfより

■ インボイス開始と同時に課税事業者になる場合は消費税申告の対象期間が変則的に

また、インボイス制度開始と同時に消費税課税事業者になる場合は、消費税申告の対象期間が初年度のみ変則的になります。

2023年（令和5年）10月1日から事業年度終了の日までが最初の消費

税の課税期間です。

● 個人事業者や12月決算の法人が、令和5年10月1日から登録を受ける場合

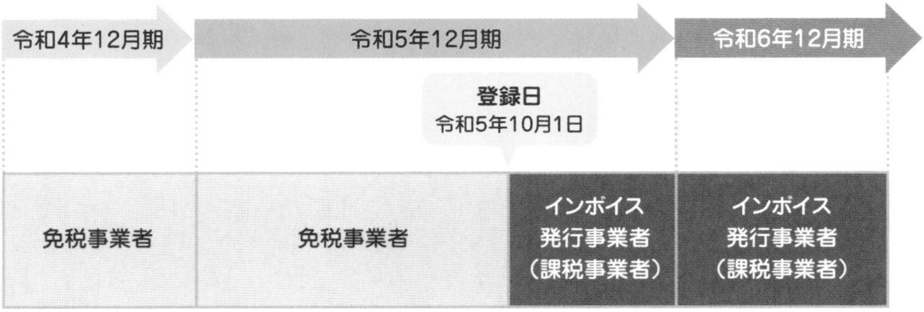

※登録日以降は課税事業者となるので、
消費税の申告が必要になります。
9月決算法人以外は初年度の申告期間
が変則的になります。

column

こんなときはどうする？　インボイス制度開始後の日常

令和５年１０月２日の取引なのに インボイスがもらえない？

たとえばインボイス事業者であるＡ社は、印刷機を販売して、工場から出荷した日（令和５年９月28日）に出荷基準に基づいて課税売上を計上したとします。一方、買い手であるＢ社は、印刷機の試運転をして色彩チェックなどを行い、検収した日（令和５年１０月２日）に、検収基準に基づいて課税仕入れを計上したとします。

この場合、Ｂ社が課税事業者であれば、Ａ社にインボイスの交付を求めてくるはずです。Ａ社が課税売上を計上した日が令和５年１０月１日以降であれば、Ａ社はＢ社の求めに応じてインボイスを発行する義務があります。しかしこのケースは、Ａ社の課税売上の計上時期がインボイス制度開始前ですので、Ａ社にインボイスの交付義務はありません。

つまり、買い手は売り手の課税売上の計上時期が令和５年９月30日以前となる取引については、区分記載請求書の受領と帳簿への記帳のみで仕入税額控除の適用を受けることができるということになります。

8-03 インボイス制度開始後のさまざまな支援策

インボイス制度開始後に、事業者への支援策が設けられているんですよね。

支援策は大きく分けて2つあるよ。1つはインボイス前からの課税事業者向けのもので、もう1つはインボイスをきっかけにインボイス対応に踏み出した事業者を想定しているの。

第7章で出てきた「2割特例」はまさに、インボイスをきっかけにインボイス事業者になった事業者向けでしたよね！

インボイス開始前からの課税事業者に対する支援策

インボイス制度開始前から課税事業者だった場合、インボイス開始によってこれまでになかった事務負担や納税額の増加が生じます。

仕入税額控除のために少額の取引でもインボイスの受領と保存が要求されるのは、特に中小事業者にとっては大きな負担になります。

そこで、**中小事業者の負担を軽減するため、様々な支援策が用意されています**。

支援策には恒常的なものや、期間を区切った軽減措置である経過措置もあります。

■ インボイス不要の範囲が拡大する「経過措置」

対象事業者　基準期間の課税売上高が 1 億円以下または特定期間の課税売上高が 5 千万円以下の事業者

原則、インボイスの受領が不要な取引については第 6 章 6-02 で紹介しました。第 7 章 7-02 でも軽く説明しましたが、それらに加えて令和 5 年税制改正大綱で支援策が追加されています。

対象事業者の**税込 1 万円未満の課税仕入れに関してはインボイスが不要**となる、いわゆる「**少額特例**」です。

この支援策の対象になるのは、基準期間の課税売上高が 1 億円以下、または特定期間の課税売上高が 5 千万円以下の事業者です。

第 2 章 2-03 でも説明しましたが、基準期間とは個人事業者の場合には 2 年前の 1 月～ 12 月、法人の場合には 2 事業年度前の期間を指します。

また、特定期間とは個人事業者の場合には前年の 1 月～ 6 月、法人の場合には前事業年度の開始の日以後 6 ヶ月を指します。

● **基準期間と特定期間**

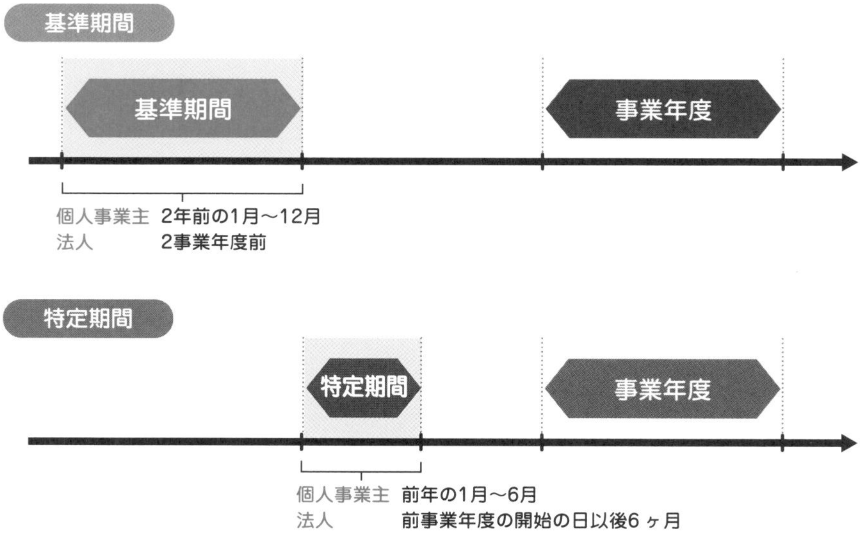

上記に該当する事業者が支払った経費などについて、税込 1 万円未満の課税仕入れであればインボイスは不要となります。

なおこの支援策は、2023 年（令和 5 年）10 月 1 日から 2029 年（令和 11 年）9 月 30 日までの 6 年間の時限措置となっています。

● インボイスが不要になる小額特例のポイント

- **1万円は「税込」で判断**
- **合計で1万円を超える複数の商品（たとえば4,000円と8,000円の商品など）を同時に購入した場合は、合計額で判断するため対象外**
- **単価5,000円×20個＝10万円のような場合でも、取引金額で判断するため対象外**

■ 会計ソフト導入への補助金

「**IT 導入補助金**」は、IT の導入や DX（デジタルトランスフォーメーション）による事業者の生産性向上を支援する補助金です。

インボイス制度への対応枠が設けられており、すでに採択されている事業者もたくさんいます。

インボイス制度施行に合わせて、会計ソフトや受発注、決済、EC ソフトへの支援が拡大され、導入費用の下限額が引き下げられました。

また、補助の対象となる経費支払の期間も長期化し、さらに支援を強化しています。

■ 少額の値引き・返品への返還インボイス発行が不要に

すべての事業者を対象として、さらに期間も限定されていない支援策として「少額の値引きや返品への対応が不要になる」というものがあります。

値引きや返品に対しては「**返還インボイス**（適格返還請求書）」の発行が義務づけられていて、その都度、返還インボイスの発行が必要とされていました。

これが、税込 1 万円未満の値引きや返品等については、交付の必要がなくなります。

振込手数料分を値引きするような、日常的に頻発する処理も対象なので、相当の事務負担の軽減が期待されます。

● 少額な返還インボイスが不要になるチェックポイント

- すべての事業者が適用対象
- 期限なし
- 1万円は「税込」で判断

■ 小規模事業者持続化補助金が上乗せになる経過措置

「**小規模事業者持続化補助金**」とは、小規模事業者等が経営計画を自らつくり販路開拓にチャレンジする取り組みに対しての補助金です。

この補助金は以前から存在するものですが、2022年度（令和4年度）第2次補正予算において、インボイス関連の上乗せ措置がありました。

免税事業者からインボイス事業者になる場合に、補助の上限額を一律50万円上乗せするというものです。

column

こんなときはどうする？ インボイス制度開始後の日常

毎年９月に１年分の
サーバー費用を払う法人

法人が毎年９月に１年分のサーバー費用を払っている場合で、令和５年９月にも例年通り令和５年９月分〜令和６年８月分を払う予定だとします。法人税では、短期前払費用の特例という考え方があり、１年以内に提供を受けるサービスは、その支払時点で支払金額分の損金算入が可能です。ところが、令和５年10月以降の分はインボイスが必要になるのでは？という質問を受けました。

この場合、短期前払費用の計上は、支出した日の属する課税期間の課税仕入とすることができます。つまり、令和５年９月30日以前の支出であれば、売り手の課税売上の計上時期が令和５年10月１日以後であっても、区分記載請求書の受領と帳簿への記載で仕入税額控除の適用を受けることができます。

8-04 インボイスに向けてやることリスト

インボイスについてこれまでいろいろと学んできたけど、大体理解できたかな？

わかってきたと思いますが、理解することが多くて頭の整理が……。

それじゃ、ここでやるべきことを整理してみよう！

1つずつチェックして、インボイス開始に備えます！

チェック1 予想納税額をシミュレーションしてみよう

インボイス事業者になるのかどうかを判断するには、**予想される納税額のシミュレーション**が必要です。

このシミュレーションによってこれまでの不安が半減する可能性もあります。

58 ページでも解説しましたが、まずは消費税のかかる収入がいくらあるのか、過去数年間の実績を調べてみましょう。

ここではざっくり課税売上額が 800 万円なら消費税 80 万円というくらいで充分です。

そして、簡易課税を選択した場合の事業区分を確認し、その割合を乗じてみましょう（事業区分とみなし仕入率については50ページ参照）。

サービス業なら50%ですから、80万円×50%で40万円ですね。

● **消費税の納税額をシミュレーションする**

予想納税額

課税売上高 800万円 ×（消費税 10% × 簡易課税 サービス業 50%）＝ 納税額 40万円

チェック2 届け出を済ませる

インボイス事業者になるための届け出を済ませましょう。

届け出をして承認を受けると、インボイス番号が発行されます。念のため、国税庁のウェブサイト（https://www.invoice-kohyo.nta.go.jp/）にアクセスし、交付されたインボイス番号を検索してヒットするかまでチェックしておくと安心です。

インボイスの登録番号については142ページでも詳しく解説します。

チェック3 取引先への連絡

取引先からインボイス対応についてヒアリングを受けたら、必要事項を返答します。

また、事前に連絡がなかったとしても、インボイス制度が開始すればヒアリングされる事項ですから、一斉に連絡を済ませ

● **取引先への連絡の文例**

○○様

適格請求書等保存方式の施行に伴い、当社が発行する該当書類についてお知らせします。

● 取引名称 ＿＿＿ 株式会社
（個人事業の場合、屋号で登録していればその旨）
● 適格請求書発行事業者登録番号
T0000000000000
● 該当書類の名称と形式
請求書（PDFで送付する電子データ）

〈その他の例〉
● 納品書＋合計請求書（書面＋電子データ）
● 領収書（電子データ）
● 契約書に記載のない項目を補足する通知書（書面）
・
・
・

ておくことで、後日の事務を前倒しで終わらせることができます。

チェック❹ 請求書のフォーマットを見直す

インボイス制度開始後は、**取引相手が仕入税額控除の要件を満たすような請求書を作成することがマナーになる**でしょう。

自分が発行する請求書が、インボイス制度の要件を満たした請求書なのか確認が必要です。追記する事項がいくつかあるはずです。

不備があると、発行者が再発行しなければインボイスの効力は生じませんので二度手間になります。

チェック❺ 経理環境の整備

主な取引先のインボイス対応方法をイメージ

インボイス番号を入手している取引先について、どのような形式でインボイスを入手できるのか確認しておきましょう。

＊紙で受け取る場合

受け取り、支払い、保存の担当者や実施のタイミング

＊電子メールで受け取る場合

どのメールアドレスで受け取るのか、担当者宛のメールの場合、どのように会社共有の資料として保存するのか など

インボイスを受け取ることができないときの対応をイメージ

外注先や仕入先にかかわらず、小口経費についてもルールが必要です。

タクシー代や消耗品の購入など、経理担当者以外の人が経費の支払いをし、インボイスを受け取ることができなかったら、経理担当にその旨を伝えてもらうなど、社内全体に協力を要請しておくことで、経理の負担を軽減しましょう。

8-05

公表されているインボイスの登録番号の取り扱い

インボイス事業者に登録されると、登録番号が公表されるよ。

通知番号はT＋13桁の数字なんですよね。公表されているから相手から返答がないときは助かりますね。

法人の場合は住所も公表されるけど、個人は同姓同名の場合、区別できないこともあるの。

法人なら公表された情報を参照することで、受け取ったインボイスが適正なものかを判断できるんですね。

世界中から検索できる数字

インボイスの登録番号やその情報はウェブサイト（https://www.invoice-kohyo.nta.go.jp/）に公表されます。

140ページでも紹介しましたが、**登録番号での検索**が可能です。

● 国税庁インボイス制度適格請求書発行事業者公表サイト

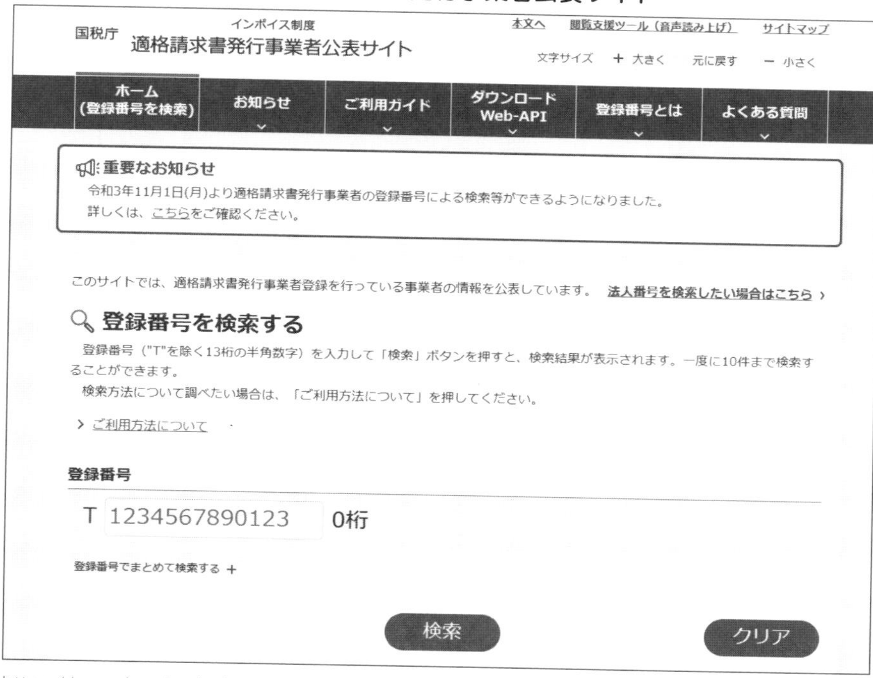

https://www.invoice-kohyo.nta.go.jp/

ウェブサイトは誰でも閲覧することができます。

登録番号の空欄に13桁の数字を入力して「検索」ボタンをクリックすれば、対象の事業者が登録事業者であるかどうかの確認ができます。

さらに上部メニューの「**ダウンロードWeb-API**」を選択すれば、登録情報のダウンロードをすることも可能です。

取引先が多数で、まとめて確認したいときなどは、ダウンロードしたデータを活用することも可能です。

法人なら法人番号で検索することもできる

インボイス番号の検索は、インボイス番号がわかっていることが前提となります。

ただ、法人の場合、T＋13桁の13桁部分は法人番号が使われているため、別サイトで公表されている法人番号を利用して調べることが可能です。

● 国税庁法人番号公表サイト

https://www.houjin-bangou.nta.go.jp

‖ インボイス登録を解除することも任意

事業者は、登録をすることも、登録を解除することも任意です。

つまり、取引当初はインボイス登録事業者だったにもかかわらず、**いつの間にか登録を解除している**ことがあり得ます。

継続してインボイスを受け取っているつもりが、先方のインボイス番号が無効になっていた、という事態を避けるためにも、相手との請求書やり取りの際、「**適格請求書事業者番号が無効になった場合には、別途お知らせください**」などの文言を入れ、トラブル時のリスクヘッジをはかることも有効だと考えます。

インボイスを受け取っていないにもかかわらず、仕入税額控除をしていた場合には、消費税の修正申告が必要になってしまいます。

確認は、仕入税額控除を受ける立場である、買い手側の義務ですので、チェック体制も考案したいところです。

ちなみに、会計ソフトで買掛金に補助科目を設定しておくなどの対応により、自動的に取引先のインボイス登録番号の有効性をリアルタイムチェックしてくれるようになることは予想されます。

column

インボイス番号が交付されないこともある？

インボイス番号は、次の項目のいずれにも該当しなければ、原則的に交付されることになっています。

◉ 国内に拠点のある事業者の場合

- 納税管理人を定めるべき事業者がその届け出をしていない
- 消費税法違反で罰金以上の刑に処され、その後２年以内である

◉ 国内に拠点がない事業者の場合

- 消費税に関する税務代理人がいない
- 納税管理人の届け出をしていない
- 国税の滞納があり、滞納額を納付することが困難
- 次のいずれかの理由でインボイスの登録を取り消されてから１年以内である
  - ❶ 正当な理由がなく消費税の期限内申告がなされていない
  - ❷ 国税の滞納があり滞納額を納付することが困難
- 消費税法違反で罰金以上の刑に処され、その後２年以内である（罰金以上の刑には、加算税や延滞税の賦課決定処分は含まれない）

8-06

今のフォーマットで大丈夫？ 請求書を再チェック

インボイスと認められるためには、請求書に必要な事項が記載されている必要があるよ。ここではその必要事項や消費税の端数処理について解説するね。

発行するのが簡易インボイスでもいい事業者もあるんですよね。

インボイスの項目要件

インボイスとして認められるために、必ず記載しないといけない項目があります。これらを記載しておくことで、インボイスを受け取った取引相手が仕入税額控除することができます。

次の**8つの項目**が正確に記載されていれば、仕入税額控除の要件を満たします。このチェック表を社内で交付し、受け取った人がチェックできる体制を整えることをお勧めします。

● インボイスの必須項目

☑ 記載ありでチェック！

簡易インボイスは不要
簡易インボイスはどちらか一方で可

- □ 自社（事業名）
- □ 自社（事業名）のインボイス番号
- □ 取引先名
- □ 取引年月日
- □ 取引の内容
- □ 軽減税率対象取引があればその旨

- □ 税率（10%と8%、片方であれば一種類で可）
- □ 税率ごとに区分して合計した対価の額（税込でも税抜でも可）
- □ 税率ごとに区分した消費税額

消費税の端数処理

インボイス制度の施行で、消費税の端数処理について新しいルールが始まります。

それは「**インボイス１枚の中で消費税の端数処理を何回もしてはいけない**」というものです。

インボイス１枚につき、端数処理を行っていいのは標準税率10％分を１回、軽減税率８％分を１回です。つまり、税率ごとに１回の端数処理しか認められません。

品種によって単価が異なることから、その品種ごとに消費税を計算するようなフォーマットを利用している場合には、注意が必要です。

次の図は、国税庁の「適格請求書等保存方式の概要」で紹介されている端数処理の例です。

● インボイス1枚の中で消費税の端数処理をする例

例❶：認められる例

請求書

〇〇(株)御中　××年11月30日
(株)△△
(T123…)

請求金額(税込)60,197円

※は軽減税率対象

取引年月日	品名	数量	単価	税抜金額	消費税額
11/2	トマト※	83	167	13,861	–
11/2	ピーマン※	197	67	13,119	–
11/15	花	57	77	4,389	–
11/15	肥料	57	417	23,769	–
8%対象計				27,060 →	2,164
10%対象計				28,158 →	2,815

端数処理

例❷：認められない例

請求書

〇〇(株)御中　××年11月30日
(株)△△
(T123…)

請求金額(税込)60,197円

※は軽減税率対象

取引年月日	品名	数量	単価	税抜金額	消費税額
11/2	トマト※	83	167	13,861 →	1,108
11/2	ピーマン※	197	67	13,119 →	1,055
11/15	花	57	77	4,389 →	438
11/15	肥料	57	417	23,769 →	2,376
8%対象計				27,060	2,163
10%対象計				28,158	2,814

行ごとに端数処理

合算

出典：国税庁発行「適格請求書等保存方式の概要」９ページより
https://www.nta.go.jp/taxes/shiraberu/zeimokubetsu/shohi/keigenzeiritsu/pdf/0020006-027.pdf

端数処理を複数回行ってはいけないというルールがあるのは、前ページの図の例❷のように、品種ごとに消費税額を表示してその都度端数処理をした場合に最終の合計値に影響を及ぼすことについて問題視しているからです。

単価や数量が同じなのに、例❶の消費税額と例❷の消費税額では差額が生じています。

インボイス発行者が任意の端数処理方法によって合計金額が異なるといった事態を防ぐため「1枚のインボイスでは税率ごとに1度の端数処理をする」というルールが生まれました。

第8章 まとめ

☑ まずはインボイス事業者になるべきなのか検討することからはじめる。

☑ インボイス事業者になる場合、申請から登録まで1.5ヶ月〜3ヶ月程度かかるので注意が必要。

☑ 少額特例の対象事業者は税込1万円未満インボイス不要。

☑ IT導入補助金や小規模事業者持続化補助金でインボイス対応支援あり。

☑ インボイスに向けてやること5つ！

☑ インボイス番号の特性を知っておこう。

☑ 請求書や領収書のチェックリストで不備のないインボイスを！

第9章

インボイス事業者にならない場合

インボイス事業者を選択するのは任意です。主要な取引先が一般的な消費者である事業者や、特別な技能を提供する事業者などは、インボイスを発行しないという選択肢も充分考えられます。ここでは免税事業者を貫くかたの参考になるお話をします。

9-01

免税事業者でも消費税分を受け取れる業種

実は免税事業者でも消費税分を受け取れる場合があるよ。考え方によっては、こういう事業者はインボイス事業者になる必要はないということになるね。

インボイス発行が必要なのは、取引相手が課税事業者でインボイスを求められたときですよね。

そう、主な取引相手が一般消費者である事業者は、これまでのとおりでいいというわけね。これは断言できるわけではないけれど……。

販売相手が一般消費者であれば今までどおり

小売業や飲食業のように不特定多数の人に販売をするような業種で、**主に一般消費者を対象に事業展開している場合は、インボイス制度による影響はほとんどない**と思われます。

ただし、飲食業でも**接待を目的としたサービス**の提供であれば、顧客からインボイスを要求される可能性があります。

そういったケースが顧客全体のどのくらいの比率なのかを知っておくことで、検討の材料になります。

● インボイス発行が不要な業種の一例

＼ 販売先が一般消費者のみである場合は
インボイス発行事業者になる必要はありません ／

ネイルサロン・エステサロン

理髪店・美容院

ゲームセンター

音楽教室

学習塾

飲食店

※個人客相手であれば不要だが、領収書が必要な接待目的などではインボイス領収書が必要になる

業種に関係なく魅力的な仕事をしていれば生き残れる

おそらく、**唯一無二の事業者**はインボイスに関係なく生き残れると思われます。仕入税額控除ができないからそことは取引しない、とはなかなかなりづらいからです。

インボイスを発行しなくても選ばれる事業であれば、インボイス事業者になる必要はないといえます。

● 唯一無二の仕事

9-02 取引相手のために区分記載請求書を発行する

インボイス事業者になることを選択しなくても、取引先の負担を減らすためにできることがあるよ。

区分記載請求書を受け取れば、経過措置で一定期間は一部を税額控除できるんですよね。

区分記載請求書の例とチェック項目を用意したので、発行している請求書と照らし合わせてみてね。

区分記載請求書の例とチェック項目

第４章で説明しましたが、免税事業者やインボイス事業者になっていない課税事業者でも、**区分記載請求書を発行することで取引相手は一定期間、部分的に仕入税額控除の対象にできます**。

区分記載請求書については何度か説明してきましたが、ここでは一般的な区分記載請求書の記載例を紹介します。現在発行している請求書のフォーマットと比較して、不足事項があれば整えてみてください。

● 区分記載請求書の例

請求書

㈱ ○○御中　　　　××年11月30日

11月分 131,200円

日付	品名	金額
11/1	米	5,400円
11/1	牛肉	10,800円
⋮	⋮	⋮
8%対象		**43,200円**
11/2	キッチンペーパー	2,200円
⋮	⋮	⋮
10%対象		**88,000円**
合計		131,200円

振込先 ○○銀行・・・　　　　△△商事(株)

● 区分記載請求書発行のチェックポイント

- □ 取引相手の名前が書かれているか？
- □ 日付が書かれているか？
- □ 取引内容・品名が書かれているか？
- □ 軽減税率対象の取引がある場合に、区分して記載してあるか？
- □ 区分ごとの合計金額が記載されているか？
- □ 発行者の名前が書かれているか？
- □ 振込先など支払方法がわかりやすく記載されているか？
- □ 発行日以後すみやかに取引相手に渡せているか？

column

消費税がかからない取引って何？

筆者が「消費税がかかる売上とかからない売上があります」などとセミナーでお話しすると、参加者のみなさんの表情はどんより曇ってしまいます。なんのこっちゃ？現象です。そもそも、消費税の課税の対象範囲は限定されています。その範囲とは、日本国内の事業者がモノやサービスの対価として行う取引と、輸入取引です。

ですから、この範囲「外」の取引には消費税という概念そのものが存在しません。存在しないという意味で、これを「不課税取引」と呼びます。たとえば国外取引、対価を得て行うことに当たらない寄附や贈与、出資に対する配当などがこれに当たります。

一方、範囲「内」だけど課税対象になじまないものや、社会政策的配慮から消費税を課税しない取引があります。「ふさわしくない」という意味合いなのでこれを「非課税取引」といいます。たとえば土地や有価証券、商品券などの譲渡、預貯金や貸付金の利子、社会保険医療などの取引がこれに当たります。

消費税の納税額をシミュレーションする際など、こういった判断ができないと、大きく予測を見誤ることがあります。「そもそもこの取引は消費税が関係するのかな？」という視点を持っておくことはとても重要です。

column

インボイス対応でタクシー業界がざわついている？

タクシーを利用する際、インボイスを発行してくれるかどうかは、乗ってみなければわからないのでしょうか。インボイス制度が始まると、タクシー利用者には悩みが生じます。

ビジネス利用ならインボイスを受け取りたいし、プライベート利用なら金額が安いタクシーを選びたい、と考えるかもしれません。免税事業者のタクシー運賃が安くなるかどうかはわかりませんが、もし価格差が生じるのであれば、用途に応じて使い分ける、という選択の要望も生じてくるでしょう。

いずれにせよ、乗車前に判別できなければ不平不満が出てしまいそうですよね。

これについては、個人タクシーの表示灯（行灯）の色を区別することで、乗車前に確認できるように対応するそうです。免税事業者の個人タクシー運転手は、全額自己負担で行灯の変更を強いられることもあるとのことで、しばらくはこの問題についてはざわついてしまいそうです。

column

YouTuberは インボイス制度でどうすればいい？

YouTuberが収益を得ているYouTubeからの広告収入は、広告動画を配信しているGoogleAsiaPacificPte.ltdというシンガポール法人から受け取っています。これは国内取引には該当しないので消費税は不課税です。つまり、YouTubeからの収入のみで1,000万円を超えていても、課税事業者になるわけではなく、消費税の申告や納税の義務はありません。

しかし、気をつけなければならないことがあります。それは、YouTubeチャンネルで国内企業からの仕事を受ける、いわゆる「案件」による収入です。

これは、チャンネル内で配信して収入を得ていることは同じでも、日本国内の企業からの収入なので、消費税の課税対象になります。

そして、課税取引であるということは、インボイス制度下ではインボイスを要求される可能性が生じます。となれば、インボイス事業者を選択するか否かを検討する必要が生じますが、人気YouTuberは唯一無二の存在ともいえるのであまり心配はないかもしれませんね。

第9章 まとめ

- ☑ 主な販売先が一般消費者であれば、個人でも法人でもインボイス事業者にならなくても影響は少ない。また、唯一無二の仕事を提供する事業者はインボイス開始の影響を受けづらい。
- ☑ インボイス事業者にならない場合でも、取引先の負担を考えて区分記載請求書を発行しよう。
- ☑ 区分記載請求書発行のためのチェックリストで確認しよう！

インボイスの未来予想図

■ 騒がれても結局おさまるのが常

インボイス制度導入の話題は数年前から始まっていました。筆者も全国各地でセミナーに登壇させていただき、たくさんの事業者の方々にインボイス制度への準備についてお話をし続けてきました。

軽減税率がスタートしたときやマイナンバーがスタートしたときも同じような動向だったな、と思い出されます。事業者にとって少しでも負担になりそうな変化は、常に騒動とともに導入され、浸透していきました。今となってはそういうこともあったよねという感想の人が大半なのではないでしょうか。

楽観視するわけではありませんが、インボイスに関しても、そこまで深刻になる必要はないのではと思っています。少しずつ支援策が増え、インボイス制度の裾野がゆるやかに広がりつつあります。多くの小規模事業者が痛手を受けてしまうという懸念はありますが、実際の影響がどこまで広がるのかは未知数です。

筆者が考えるインボイスの影響による未来予想図は、インボイスによって消費税の考え方がシンプルになる世界です。インボイス施行後、課税事業者、免税事業者、インボイス事業者といった複雑なカテゴリ分けはなくなっていき、いずれはすべての事業者がインボイス事業者になるでしょう。さかのぼれば、日本に消費税が導入されるようになった歴史的背景があります。あの手この手を使って、どうにか導入された消費税。免税事業者の存在は、消費税導入初期には不可欠だったにちがいありません。時を経て、免税事業者を無くそうとしているのがまさにインボイス制度なのだと考えます。

■ 先のことばかり心配せず今に目を向けるが吉

インボイス制度に限ったことではありませんが、変化が訪れようとしているとき、自分に降りかかる大まかな影響を把握することは必須です。そして、把握した知識を元に方向性を定めたのであれば、あとはそれ以上心配しても良いことはありません。なるようになります。心配してもしなくても同じように時間は過ぎていくからです。

インボイス制度のデメリットばかりに目を向けず、新たなチャンスの可能性に目を向ける方が有意義です。例えば、近年、世界を襲った新型コロナウイルス。パンデミックは多くの事業者に少なからずダメージを与えました。残念ながら廃業に追い込まれてしまった事業者もたくさんいます。それでも、ひょうたんから駒の大躍進を果たした事業家はいました。どんな状況でも、生き残るチャンスは訪れているはずだということを目の当たりにした出来事だったと思います。

10年後に今を振り返ったとき、インボイス制度をきっかけにして自分の事業が発展したんだよな、と笑えるように、今この目の前の一日一日に集中したいものです。

図解と会話でまるわかり！

インボイスと消《しょう》費《ひ》税《ぜい》がすべてわかる本《ほん》

2023年6月15日　第1刷発行

著　者　　伯《う》母《ば》敏《とし》子《こ》
装　丁　　宮下裕一
発行人　　柳澤淳一
編集人　　久保田賢二
発行所　　株式会社　ソーテック社
〒102-0072　東京都千代田区飯田橋4-9-5　スギタビル4F
電話（注文専用）03-3262-5320　FAX03-3262-5326
印刷所　　図書印刷株式会社

ISBN978-4-8007-2110-5

本書のご感想・ご意見・ご指摘は
http://www.sotechsha.co.jp/dokusha/
にて受け付けております。Webサイトでは質問は一切受け付けておりません。